# 所得税・個人事業者の消費税 迷いやすい事例の実務対応

税理士・行政書士・CFP®認定者

## 坂野上 満 著
Mitsuru Sakanoue

税法の趣旨・経緯から
個人に対する税をマスターする

一般財団法人
大蔵財務協会

## はじめに

　本書は前著である「法人税・消費税　迷いやすい事例の実務対応」の発刊を受け、**所得税の取扱いの根幹となる部分**を中心にまとめたものです。

　戦後、我が国の所得税は右肩上がりの経済成長に伴い、減税基調で改正を重ねてきましたが、バブル経済崩壊後においては、少子高齢化の進展に伴い各種特典や控除項目の整理が進められ、最近では富の再分配機能に配慮した政策が採られています。

　このように目まぐるしく大きな改正が相次ぐ所得税に我々職業会計人が対応していくために重要なのは、**枝葉の部分ではなく、しっかりと根幹の部分を押さえておくこと**に尽きるのではないでしょうか？

　すなわち、**税法の趣旨や経緯**といったところから**「何故、このような取扱いをすることになっているのか？」「何故、この規定は存在するのか？」**というところを探り、完全に自分のものにすることができれば、多少の変化球が飛んできたところで、しっかりとクリーンヒットにすることができるのです。

　とりわけ、その構造が複雑な所得税においては、この辺のことをしっかりと身に付けておかないと「コンピューター先生」に計算してもらわないと申告書の作成ができなくなる日もそう遠くはないのかもしれません。特に、2020年分所得税の確定申告では皆さん、このことを痛感なさったのではないでしょうか。

　この「コンピューター先生」の恐ろしいところは、計算自体を間違えることはないのですが、**入力する数値・箇所や処理の判断を間違えた場合、そのことは教えてくれず、間違えたまま忠実にコトを進め、しかも、それが正しく見えてしまうところ**にあります。これが複雑な譲渡所得の特例で数千万円の税額が動く事例だったら…と

考えるとぞっとしますね。

　この先も所得税や消費税は複雑なものに姿を変えていくと思われますが、私は、これらの根幹の部分を身に付けておけば負担感を最小限にとどめながら対応していくことが可能となると信じています。

　本書の意図するところはまさにこの部分をお伝えすることにありますから、通常の実務書とは少し違うところがあります。以下にその注意点を示しておきます。

　①　理解のしやすさを重視したため正確性を多少犠牲にしてしまった面があり、一般性、網羅性に劣る表現がところどころ使われている

　②　できるだけ普段の仕事をイメージできるよう、実務チックな表現を心がけたため、一部、法令用語とは異なるものがある

　③　いわゆる「教科書的なものの取り上げ方や解説の仕方」は遠慮させて頂いた

　第1章から第4章にかけては所得税について、第5章から第7章にかけては消費税について、第8章の税務調査関係のところを経て第9章及び第10章では確定申告において間違えやすいところについてそれぞれ取り上げます。

　なお、所得税と法人税はいずれも所得の一部を納めるという性質上、似通ったところがあります。また、個人事業者の消費税と法人の消費税は基本的な取扱いは全く同じで、家事用資産や相続のところで若干、特殊な扱いがある程度です。これらのことから、前著の「法人税・消費税　迷いやすい事例の実務対応」と重なる部分がかなり多くなってしまいました。

　しかし、これらのことを飛ばしてしまうと特に消費税の根幹が分からなくなってしまいますので、あえて掲載させて頂きました。これにより、前著をお読み頂いた方におかれましては、根幹の部分が個人事業者にはどのように影響を与えているのかという視点で再度

復習する機会として頂ければ幸いです。

　本書は税法の趣旨や経緯といった知識的なこともたくさん紹介してありますが、それと並んで、是非、答えにたどり着くまでの考え方を手にして下さい。特に所得税は税の根本的な考え方や取扱いが数多く出てきます。

　これをお読み頂いた皆さんに１つでも多くの気づきを得て頂ければこれに優る喜びはありません。

　なお、考え方に関する部分は私見であることを申し添えます。


2021年初秋

坂野上　満

# 目　　次

# 第1章

# 所得税って、どんな税金？

本書を手にされた皆さんは所得税というと、どのような印象をお持ちでしょうか？「複雑」「分かりづらい」「面倒」「ケースバイケース」などといったキーワードが浮かんだ方が多いのではないでしょうか。私もそれら全てその通りだと思います。

　所得税に限らず、税というのは公平・中立・簡素を旨とすべしとされていますからシンプルな方がいいのですが、所得税が複雑な体系となっているのには理由があります。その理由を知り、背景にはどのようなことがあるのかということを押さえておけば一見複雑に見える所得税を体系的に理解することができるようになるでしょう。

## 1 税法理解のためのヒント

　まず、所得税の本質を知る前に税法というものの理解への近道を紹介しておきたいと思います。税法は一読理解、二読誤解、三読不可解などと揶揄されるほど、実務への当てはめが困難な法律です。このような性質から、ちょっとした変化球のような事例が出てくるとどこにその取扱いが書かれているか探すことがありますが、その前にやることがありますので、次のことを頭に入れて実践すると割と簡単に短時間で正解に辿り着くことになるとともに、税務調査などでも的を射た発言ができるようになるでしょう。

① 立法趣旨

　本書では、いくつか具体的事例を交えながら所得税や消費税の処理について、その考え方やストーリーの展開とともに紹介することにします。その理解に大きな武器として役に立つのが**立法趣旨**です。

　そもそも、この税目は何のために設けられたのか、この制度はどのような趣旨で設けられ、どのような経緯で改正がなされてきたのか、などといったことについては、これらを知っているのと知っていないのとでは結論に至るまでの時間と労力、精度に雲泥の差が生じることでしょう。

　これらのことについては、毎年の税制改正の解説記事を熟読するとよく分かるようになります。

② 常にアンテナを張っておく

　常に「なぜ、この制度はあるのだろう？」とか、「なぜ、この制度はこのように規定されているんだろう？」などと考える

癖をつけておけば、すぐに答えは分からなくても、いつもアンテナを張っているような状態になりますから、いつかその答えがセミナーや税務調査の立ち合いなどでこちら側に寄ってきたときに、鋭く反応し、捕まえることができるでしょう。

皆さんは「流れ星に3回お願いごとをすると叶う」という言い伝えをご存知だと思います。これって本当だと思いますか？私はこのように解釈しています。流れ星が流れている間というのは本当に短い瞬間で、時間にすると1秒から2秒前後でしょうか。そのとっさの出来事の間に3回お願いごとをするというのは、**そのことをいつも考えていないとできません**。疑問に対する答えというのは流れ星ほどではありませんが、いつも考えておくようにすると、捉えられる量が全然違うと思います。

これを繰り返すことによって経緯や背景などの情報が積み重なっていきますから、後々、税の歴史として点ではなく線として理解することができるようになるはずです。

③　立法側の立場で考えてみる

どうしても立法趣旨が理解できない場合の処方箋を1つ紹介します。それは、**「立法側の立場で考えてみる」**ということです。

普段、我々会計事務所の人間は税法を遵守しつつ、納税者側の立場で考える癖がついています。納税者側の立場で考えてみてどうしても分からなければ、反対側、つまり、立法した為政者側の立場で考えてみるとスッと腹に落ちることも珍しくありません。ドアの内側にいたら見えにくかったものもドアの外側から見ればはっきりと見えるということです。

## 2 所得税の計算パターン

① 計算パターンを押さえておくことのメリット

　私はお客様に初めて経営（会計）や税額計算、節税などの説明・提案をする時に必ず行うことがあります。それは、各税目の計算パターンの説明です。特に消費税や所得税、相続税ではここから説明に入ることが多いです。

　この計算パターンを押さえておくことのメリットは何でしょうか？私は次の3つだと考えています。

(イ)　税額計算の最初の部分から最後の部分まで**俯瞰して全体を眺めること**ができること

(ロ)　全体のうち、**どの部分の説明なのかということを共通認識とすること**ができること

(ハ)　どの数字がどのように変わると**税額にどのような影響があるのかが一目で分かること**

　特に所得税は多段階で税額計算を行うため、どの段階のことを言っているのか分かりにくいですから、どの部分について話しているのかが分かるようになっていないと話がかみ合わないことが多いのです。

　それでは早速、所得税の計算パターンを確認してみましょう。

② 所得税の計算パターンは3本柱の5段階

【所得税額計算のイメージ】

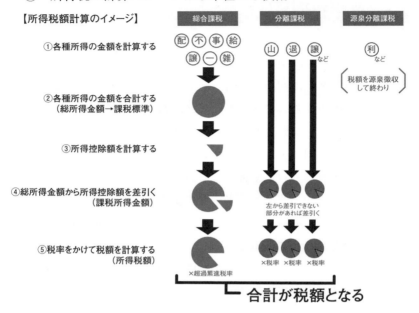

所得税の計算はまず、3本の柱があります。1本目は「総合課税」の柱で、それぞれの計算方法で算出された各種所得を合算して税額を計算するというものです。所得税計算の根幹となる部分です。

2本目は「分離課税」の柱で、様々な理由から他の所得と合算しないで単独で税額計算を行うというものです。

3本目は「源泉分離課税」の柱で、収入する際に税額を源泉徴収されて課税手続きが完了してしまうものです。利子所得の大部分がこれに該当するのですが、所得税の計算には全く出てこないため、以後、この柱について触れることはありません。

という訳で、「総合課税」の柱と「分離課税」の柱の2つについて計算過程を確認しておきたいと思います。まずは総合課税から。

所得税の計算段階は総合課税、分離課税とも5段階です。すなわち、1．各種所得の金額の計算、2．課税標準の計算、3．所得控除額の計算、4．課税所得金額の計算、5．所得税額の計算、となります。

(イ)　総合課税の計算パターン

　おまんじゅうに例えると、第1段階で各種所得（もうけの部分）の金額のおまんじゅうをいくつか所得の数だけ作ります（○○所得の金額）。

　それを第2段階で1つに固めて大きなおまんじゅうにするのです。ここで求められたものを「総所得金額」と呼び、所得税の課税標準の1つとされます。

　ここで一旦、おまんじゅう本体のことは置いておいて、第3段階ではこのおまんじゅうから取り去る量（すなわち、所得控除額）を求めます。

　その取り去る量を第4段階で実際におまんじゅうから取り去り、パックマンのような形にするのです。この、**課税標準から所得控除を差し引いたものを「課税所得」と呼びます。**総合課税の柱においては課税総所得金額のことになりますが、「○○所得金額」と「課税○○所得金額」の違いははっきりと区別できるようにしておいて下さい。

　第5段階ではいよいよそのパックマンのような形の大きさに応じて定められた税率（超過累進税率）を掛けて所得税額を求める、といったイメージとなります。

(ロ)　分離課税の計算パターン

　分離課税においても計算のイメージは同様ですが、総合課税とは次の3点で大きく異なります。

・　他の所得と合算しない

　分離課税はあくまでグループであり、実際の計算は「土

地・建物の短期譲渡所得金額」「土地・建物の長期譲渡所得金額」「株式等の譲渡所得金額」「上場株式等に係る配当所得等の金額」「上場株式等に係る譲渡所得等の金額」「一般株式等に係る譲渡所得等の金額」「先物取引に係る雑所得等の金額」「山林所得金額」「退職所得金額」とそれぞれの所得ごとに行います。

　基本的に、これら第1段階で計算したものがそのまま第2段階の課税標準となります。

・　所得控除を差し引くのは総所得金額から控除できなかった場合のみ

　所得控除を課税標準から控除する際、総所得金額があればまずそちらから控除し、控除額が余った場合に分離課税の方から控除します。

　分離課税の所得から所得控除をすることがない場合には、第4段階においては第2段階と同じ金額を課税短期譲渡所得金額、課税山林所得金額などとして取扱います。

・　税率はそれぞれの所得ごとに定められている

　税率はそれぞれの所得ごとに定められており、課税山林所得金額と課税退職所得金額については課税総所得金額に適用されるものと同じ超過累進税率が（課税山林所得については5分5乗方式）、それ以外のものについては比例税率（一定税率のこと）がそれぞれ適用されます。

## 3　個人の生活に対する所得税の配慮

① 法人税との相違点

　　所得税も法人税も「もうけの一部」を国に納める税金です。しかし、この2つの税目は計算体系はもとより、実に様々な部分で違いが認められます。ぱっと思いつくだけでも次のような違いが挙げられます。

(イ)　所得税は所得を10種類に分類しているが、法人税は所得の分類がない（グロス計算）

(ロ)　所得税は超過累進税率を採用しているが、法人税は比例税率を採用している

(ハ)　所得税は各納税者のおかれた社会的・経済的環境に配慮し、所得控除を設けているが、法人税には所得控除がない

(ニ)　所得税は暦年課税であるが、法人税は事業年度課税なので決算日が一様でなく、課税期間が1年でない場合もある

(ホ)　所得税において所得の計算は完全に税法会計で行われるが、法人税においては確定決算主義を採っているため、一旦、企業会計が行われ、それを税法に合わせるという形で行われる

(ヘ)　所得税では事業主自身に対する生活費などの支払は必要経費不算入であるが、法人税では社長に対する役員報酬は相当と認められる限りにおいては損金算入となる

(ト)　所得税では生計を一にする親族に対する対価は原則、必要経費不算入だが、法人税では相当と認められる限りにおいては損金算入となる

(チ)　所得税では無償による役務の提供や無償による資産の譲渡（棚卸資産の譲渡やみなし譲渡となるものを除く）は原則収入金額不算入であるが、法人税では益金算入となる

(リ)　所得税では損失の金額は原則必要経費不算入で一定のもの
　　に限り必要経費算入となるが、法人税においては資本等取引
　　に該当するものを除き、原則損金算入となる

(ヌ)　所得税では交際費等については全額必要経費算入となるが、
　　法人税では一定金額が損金不算入となる

(ル)　青色欠損金の繰越期間が所得税では３年であるが、法人税
　　では10年　　など

　　個人も法人も経済主体であることには変わりなく、多少の語
　弊を恐れずにいえば、収入から支出を差し引いたものを課税標
　準にしているにもかかわらず、何故、かくも多くの違いがある
　のでしょうか？


②　所得税は生活主体でもある生身の人間に対して課される税目
　です

　　法人は、ある経済的な目的を達成するために、１．出資者か
　らお金を拠出してもらい、２．拠出されたお金の運用（経営）
　を取締役に委任し、３．その結果得られた果実の全部又は一部
　を拠出した出資者に配当という形で還元する、という**システム**
　ですから、ここで得られた利益に一定の税率で課税を行っても
　誰も生活には困りません。

　　さらに、我が国の税体系においては**法人擬制説**（法人は個人
　の集まりであり、実体は存在しないとする説）を採用している
　ので、法人税は所得税の前払いとして、報酬料金に対する源泉
　徴収税額のように**定率**となっています（中小法人については財
　政的な配慮から軽減税率あり）。

　　これに対し、所得税は実体のある生身の人間に対してもうけ
　の一部を納めさせる税金ですが、生存権を規定した日本国憲法
　第25条などとの絡みから「**自然人の生活を脅（おびや）かすよ**

うな課税を行うことはできない」という絶対的前提があります。このことは所得税を扱う上で必ず頭の片隅に置いておいて下さい。

---

【参　考】日本国憲法第25条
第二十五条　すべて国民は、健康で文化的な最低限度の生活を営む権利を有する。
2　国は、すべての生活部面について、社会福祉、社会保障及び公衆衛生の向上及び増進に努めなければならない。

---

このことから、所得税には人間の生活に対する一定の配慮があるのですが、具体的な内容を次で確認してみましょう。

## 4　所得税の配慮が端的に分かる 3 つの特徴

　所得税の納税者に対する配慮が分かる 3 つの特徴について確認してみることにします。

① 　担税力への配慮から所得を10に区分している

　　法人税では、どのような収入（収益）であってもそれらの取扱いに差を設けることなく一律に益金の額に算入することとし、そこから損金の額を差し引いたものに税率を掛けるといった、非常にシンプルな計算体系となっています。

　　これに対し、所得税でそのようなことを行うと担税力（税を負担する能力）の強い所得と担税力の弱い所得を同等に取り扱うこととなり、税が納税者の生活を脅かす結果となることでしょう。

　　例えば、所有する株式について配当があったことを考えてみます。配当は株式を購入するという元手は必要であるものの、その後はその会社が配当可能利益を確保し、納税者においては保有し続けるだけで現金が振り込まれるというものです。つまり、働かなくても、病床に伏していても収入することができる**不労所得**で、しかも、必ず現金で実現するため、取りっぱぐれがありません。

　　これに対し、退職金について考えてみます。退職金は長年の勤労を終え、その間の労働に対する報奨とか、リタイア後の生活費に充てるためといったような意味合いで支給されるものです。

　　これら 2 つの所得を全く同じ計算式で課税を行うことは、「税が納税者の生活を脅かしてはならない」という前提に立っ

た場合、正しいことといえるでしょうか？

　そこで、自然人のもうけや収入を担税力に配慮して10に区分し、それぞれ所得の金額の計算方法を設けることにより税負担を調整しているのです。

# 【実務でよく取り扱う所得区分】

| 所得区分 | 不労／勤労 | 課税方法 | 青色申告特別控除額 | メシの種 | 源泉所得税 | 収支計算 | 所得の金額 | 備考 |
|---|---|---|---|---|---|---|---|---|
| 利子所得 | 不労所得 | 源泉分離 | | | ◆ | | 収入金額 | |
| 配当所得 | 不労所得 | 総合・分離・不要 | | | ◆ | | 収入金額－元本の取得に要した負債利子の額 | |
| 不動産所得（事業的規模） | 不労所得 | 総合 | 10万・55万・65万 | ★ | | ☆ | 総収入金額－必要経費－青色申告特別控除額 | |
| 〃（事業的規模以外） | | | 10万 | | | | | |
| 事業所得 | 勤労所得 | 総合 | 10万・55万・65万 | ★ | 一部◆ | ☆ | 総収入金額－必要経費－青色申告特別控除額 | |
| 給与所得 | 勤労所得 | 総合 | | ★ | | | 収入金額－給与所得控除額－特定支出控除額 | |
| 退職所得 | 勤労所得 | 分離 | | | ◆ | | （収入金額－退職所得控除額）×1／2 | |
| 山林所得（事業的規模） | 不労所得 | 分離 | 10万 | ★ | | ☆ | 総収入金額－必要経費－山林所得の特別控除額－青色申告特別控除額 | 特別控除額は上限50万円 |
| 〃（事業的規模以外） | | | | | | | | |
| 譲渡所得（土地・建物） | 不労所得 | 分離・不要 | | | | | | |
| 〃（株式等） | | 分離 | | | | | 総収入金額－（取得費＋譲渡費用） | |
| 〃（総合課税・長期） | | 総合 | | | | | 総収入金額－（取得費＋譲渡費用）－譲渡所得の特別控除額 | 1／2だけ総所得金額算入 |
| 〃（総合課税・短期） | | 総合 | | | | | 総収入金額－（取得費＋譲渡費用）－譲渡所得の特別控除額 | 特別控除額は上限50万円 |
| 一時所得 | 不労所得 | 総合 | | | | | 総収入金額－その収入を得るために支出した金額－一時所得の特別控除額 | 1／2だけ総所得金額算入／特別控除額は上限50万円 |
| 雑所得（公的年金等） | 不労所得 | 総合 | | ★ | ◆ | | 収入金額－公的年金等控除額 | |
| 〃（その他） | 勤労所得 | 総合 | | | 一部◆ | ☆ | 総収入金額－必要経費 | |

② 各納税者の社会的・経済的事情に配慮し、所得控除を設けて
いる

　各種所得の金額を10に区分し、それぞれ計算式に担税力の調
整を織り込むことだけで税が納税者の生活を脅かすことを完全
に避けられるのでしょうか?

　確かに所得別の担税力調整を行うことはできているのでしょ
うが、これだけでは各人ごとの事情が織り込まれていません。

　少し例は悪いかもしれませんが、次のケースを考えてみま
しょう。

　給与収入が350万円のAさんとBさんがいるとします。2人
とも収入金額は同じです。Aさんは若くて独身で、親と一緒に
住んでいるので稼いできた給与は全部自分の小遣いです。これ
に対し、Bさんは配偶者に先立たれ、子供3人との4人暮らし。
子供のうち1人は重い障害を抱えているとしましょう。

　給与収入の額は同じですが、Aさんの給与収入とBさんの給
与収入は意味合いが全く異なります。そこで、各納税者のおか
れた社会的・経済的事情に配慮して15種類の所得控除を設け、
税負担を調整しているのです。

　この部分が所得税の温かみが感じられる部分で、このように
各人の事情を考慮して課税を行う税目のことを「人的課税」と
呼んでいる人もいます。この人的課税にあたる税目には所得税、
個人住民税、相続税があります。また、彼らは法人税や消費税、
個人事業税、固定資産税など人的課税以外の税目は「物的課
税」と呼んでいます。

　所得税における事業所得への課税と個人事業税における事業
所得への課税を比べてみると、納税者への配慮という面では大
きく違うことが分かるでしょう。

③　応能負担の考えから超過累進税率が採用されている

　　所得税は納税者の生活を脅かさないように配慮して設計されているのは事実ですが、一方で、世の中には生活には全く困らないくらい大きな所得を毎年獲得している人もいらっしゃいます。こういった方々に対しては税率も大きくして所得税をたくさん負担してもらうことになっています。

　　このように、課税所得が大きくなれば適用税率も大きくなるという仕組みは累進税率と呼ばれますが、単純に課税所得に応じて税率を高くしていたのでは適用税率が変わる課税所得の前後で所得の手取り逆転が起きてしまうため、課税所得●●万円までの部分についてはみな等しくＡ％、●●万円を超えて▲▲万円までの部分については同じくＢ％…とする**超過累進税率**が採用されています。

　　ここで少し考えてみたいのは、高い税率が適用される納税者層の人たちが何故不公平を叫ばず、これを受け入れているのかということです。

　　そのヒントは、獲得した所得の額と生活費の額の関係にあります。

　　年間収入200万円くらいの人と年間収入1,000万円くらいの人を例に取って考えてみましょう。2019年の政府統計によると、年間収入200万円くらいの人の生活費（消費支出）の全国平均は約190万円で、年間収入1,000万円くらいの人の生活費（消費支出）の全国平均は約530万円だそうです[1]。このことは、前者の預貯金に回す余剰資金は10万円くらいしかなく、後者のそれは470万円くらいあることを示しています。

---

1　政府家計調査「第3表　年間収入五分位・十分位階級別1世帯当たり1か月間の収入と支出」

ここから分かることは、**年間収入200万円くらいの人と1,000万円くらいの人の間には約5倍の収入差があるけれども、生活費が5倍になっている訳ではない**ということです。つまり、**ある程度所得がある人は余剰資金があるので、そこに大きな税負担をさせても生活を脅かすことにはならない**ということです。ここに超過累進税率の正当性があるのです。

---

【参　考】単純累進税率と超過累進税率

　単純累進税率と超過累進税率はどのような違いがあるのでしょうか？我が国の所得税の現行税率を使用して課税所得340万円のＡさんと課税所得320万円のＢさんの所得税額を確認してみましょう。

（我が国の所得税の現行税率の一部）

　195万円以下の部分…5％

　195万円を超え330万円以下の部分…10％

　330万円を超え695万円以下の部分…20％


１．単純累進税率により税額を計算した場合

（Ａさんの所得税額）

　単純累進税率によると、課税所得の全体に当該課税所得金額に対応する税率が適用されます。したがって、課税所得340万円全体に20％がかかってきますので、所得税額は340万円×20％＝**68万円**となります。

（Ｂさんの所得税額）

　Ａさんと同様に、320万円×10％＝**32万円**となります。

　この方法によると、Ａさんの課税所得はＢさんの課税所得より20万円多いだけですが、税額が36万円（倍以上！）違います。

---

このことから、適用税率の変わり目を少し超えるくらいの課税所得がある人に対して相当な不公平感を与えてしまいます。このような人が脱税を考えるきっかけとなるかもしれませんね。

２．超過累進税率により税額を計算した場合

　超過累進税率によると、課税所得を195万円以下の部分、195万円を超え330万円以下の部分、330万円を超え695万円以下の部分…とそれぞれの段階ごとに区分し、その区分に割り当てられた税率をそれぞれ適用して計算した金額の合計が所得税額となります。この計算をしやすくするため、実務では課税所得金額に適用税率を掛けたものから速算控除額を控除して計算されています。

（Ａさんの所得税額）

　195万円×５％＋（330万円－195万円）×10％＋（340万円－330万円）×20％＝<u>252,500円</u>となります。

（Ｂさんの所得税額）

　195万円×５％＋（320万円－195万円）×10％＝<u>222,500円</u>

　この方法によると、ＡさんとＢさんの所得税の差額は30,000円となり、Ａさんはそんなに不公平感を持たないでしょう。

　ちなみに、この30,000円の差異はＡさんの課税所得とＢさんの課税所得の差額20万円のうち、半分の10万円（330万円－320万円）は10％の税率が適用され、残りの10万円は20％の税率が適用されますから、10万円×10％＋10万円×20％という算式で導かれます。

## 【超過累進税率の図】

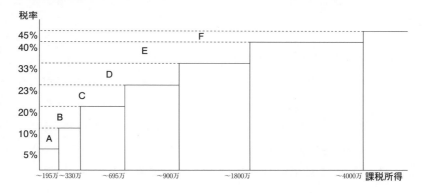

　上図においてAの部分は195万円×（10％−5％）＝97,500円、Bの部分は330万円×（20％−10％）＝330,000円、Cの部分は695万円×（23％−20％）＝208,500円、Dの部分は900万円×（33％−23％）＝900,000円、Eの部分は1,800万円×（40％−33％）＝1,260,000円、Fの部分は4,000万円×（45％−40％）＝2,000,000円となります。

　先程の例で挙げた計算方式は煩わしいため、所得税の税率表では速算控除額を用いたものがよく使われます。

　この場合の各税率における速算控除額はそれぞれ、税率10％は97,500円（Aの部分）、税率20％は427,500円（AとBの部分）、税率23％は636,000円（AからCの部分）、税率33％は1,536,000円（AからDの部分）、税率40％は2,796,000円（AからEの部分）、税率45％は4,796,000円（AからFの部分）となります。

## 5　所得税の申告

① 　所得税申告の２つの目的

　我々会計事務所の根幹業務の１つに所得税の確定申告があります。この所得税の確定申告には大きく２つの目的があるのですが、それは何でしょうか？税務申告のプロの方々には特にいつも頭の片隅に入れておいて頂きたいことなので、次の（A）と（B）に入る漢字一文字ずつを考えてみて下さい。

---

　所得税申告の目的は「所得（A）額」と「所得（B）額」を計算すること

---

　いかがでしょうか？　１つはすぐに分かると思います。「税」という字ですね。所得税額を求めることは所得税申告の重要な目的です。しかし、これに負けず劣らず重要な目的がもう１つあるのです。それは、「金」という字が入るものです。そうです、所得金額です。

　所得税の申告書を紙又は電子申告で提出した後、その申告書はどこに渡されるかご存知でしょうか？2010年分所得税から現在に至るまで確定申告書は２枚複写となっていますが、それ以前は３枚複写でした。１枚目が税務署提出用、２枚目が住民税計算用（㊣と書かれていました）、そして３枚目が納税者控えとなっており、１枚目と２枚目を税務署に提出していたのです。

　現在、この２枚目の住民税計算用の様式は廃止となり、電子データで税務署から納税者の居住市区町村へ送られていますが、いずれにせよ、市区町村役場は市民の確定申告データを入手し

ていることになります。では、市区町村はこの確定申告データのどこに興味があるのでしょうか？少なくとも、所得税額には全く興味がないと思います。

　思うに、市区町村は確定申告データの「所得金額」を知りたいのではないでしょうか？なぜなら、所得金額は税金以外のところに幅広く利用されているからです。例えば、公営住宅の家賃、保育料、児童手当受給の可否、後期高齢者医療の自己負担割合、生活保護などです。

　行政には「困っている人に手を差し伸べる」という仕事があり（これも憲法第25条）、手を差し伸べるべき人かどうかということを所得金額で判断していることが少なくありません。こういうことを考えると、所得税の申告は「所得控除や住宅ローン控除で所得税がゼロになったからめでたし、めでたし」で終わるのではなく、特別償却や引当金、青色申告特別控除、青色事業専従者給与など少しでも所得金額を小さくすることができるのであれば、その方法を探求するという姿勢が必要だと思います。

　所得税の理解において、ある規定が、１．所得金額計算のためのものなのか、それとも、２．単に税額計算のためのものなのかを意識すれば割と簡単になるケースがあります。

　例えば、合計所得金額の計算において収用の5,000万円控除を行う前の金額を使うのか、行った後の金額を使うのか迷ったとします。正解は控除前の金額で判定を行うのですが、これを平べったく「覚える」のではなく、収用の5,000万円控除は**所得金額の計算要素ではなく、所得税額を計算するときの一要素に過ぎない**というように「理解する」のです。こうすることによって間違えにくくなりますし、処理を間違えたときに違和感を覚える（勘が働く）ようになるでしょう。

6ページで図解した所得税額計算のイメージでいうと、合計所得金額は第2段階の金額（ただし、純損失の繰越控除前）で判定します。したがって、収用の5,000万円控除は第4段階で控除する、と覚えれば間違いが少なくなると思います。

② 所得税の確定申告は3種類
　普段あまり意識しないことですが、所得税の確定申告は所得税法上、3種類に分類されています。
　法人税は公共法人などの例外を除き、原則として内国法人全てに申告義務を課していますが、所得税は自然人に対して課される税目なので、全員に申告義務を課すとなると、赤ちゃんから無職のお年寄りまで1億2千万人全ての国民が確定申告をしなければならなくなり、とても現実的とはいえません。
　そこで、所得税の申告を1. 義務として行う申告、2. 申告義務はないが、還付を受けるために権利の行使として行う申告、3. 申告義務はないが、損失の金額を来年以降の所得から控除するために権利の行使として行う申告、の3種類に分類しているのです。
　もっとも、確定申告書の用紙は全て同じものを使用するため、通常は1. ～3. のどれに該当するのかということは考えませんが、職業会計人としては覚えておくといいと思います。なぜなら、これら1. ～3. には申告しなければならないのかどうか、期限はあるのかどうか、いつまでの申告ができるのか、などが微妙に異なるためです。以下、これら3つについて詳しく見てみましょう。

㈠ 義務として行う申告（及びその例外）…所得税法第120条、第121条
　ちょっと難しいですが、所得税法第120条の条文を見てみ

ましょう。

（確定所得申告）

第百二十条　居住者は、その年分の総所得金額、退職所得金額及び山林所得金額の合計額が第二章第四節（所得控除）の規定による雑損控除その他の控除の額の合計額を超える場合において、当該総所得金額、退職所得金額又は山林所得金額からこれらの控除の額を第八十七条第二項（所得控除の順序）の規定に準じて控除した後の金額をそれぞれ課税総所得金額、課税退職所得金額又は課税山林所得金額とみなして第八十九条（税率）の規定を適用して計算した場合の所得税の額の合計額が配当控除の額を超えるとき（第三号に掲げる所得税の額の計算上控除しきれなかった外国税額控除の額がある場合、第四号に掲げる金額の計算上控除しきれなかった同号に規定する源泉徴収税額がある場合又は第五号に掲げる金額の計算上控除しきれなかった予納税額がある場合を除く。）は、第百二十三条第一項（確定損失申告）の規定による申告書を提出する場合を除き、第三期（その年の翌年二月十六日から三月十五日までの期間をいう。以下この節において同じ。）において、税務署長に対し、次に掲げる事項を記載した申告書を提出しなければならない。

　　　この場合において、その年において支払を受けるべき第二十八条第一項（給与所得）に規定する給与等で第百九十条（年末調整）の規定の適用を受けたものを有する居住者が、当該申告書を提出するときは、次に掲げる事項のうち財務省令で定めるものについては、

財務省令で定める記載によることができる。

(以下略、筆者改行)

　この規定は２つの文から成り立っていますが、１文目の文末が「しなければならない」とあることから、義務規定だということが分かります。が、この文章は何をいっているのか全く分からないレベルですね。そこで、確定申告書に登場してもらって、記載番号で解説することにします。

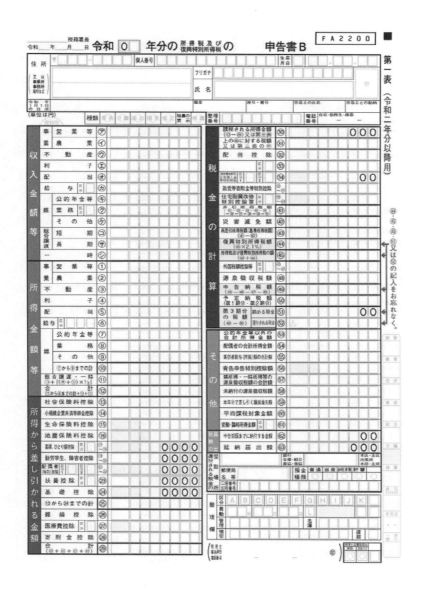

　この規定の１文目は２つの要件をいっており、この２つは
「かつ」でつながっています。つまり、要件１を満たし、か
つ、要件２も満たす場合に「申告書を提出しなければならな

い」とされているのです。

　要件1は「その年分の総所得金額、退職所得金額及び山林所得金額の合計額が第二章第四節（所得控除）の規定による雑損控除その他の控除の額の合計額を超える場合において」の部分で、要件2は「当該総所得金額、退職所得金額又は山林所得金額からこれらの控除の額を第八十七条第二項（所得控除の順序）の規定に準じて控除した後の金額をそれぞれ課税総所得金額、課税退職所得金額又は課税山林所得金額とみなして第八十九条（税率）の規定を適用して計算した場合の所得税の額の合計額が配当控除の額を超えるとき」（これに続くカッコ書きの部分については後述します）という部分なのですが、申告書の記載箇所番号でいうと次の通りです。なお、分かりやすくするために山林所得や退職所得のことは省いて説明します。

　要件1…⑫の金額＞㉙の金額

　要件2…㉛の金額＞㉜の金額

　簡単になりましたね。租税特別措置法の規定も加味した確定申告義務の要件をまとめると、

---

　1．「確定申告書B第一表の⑫＋第三表㉔～㉔の計」＞㉙

　　かつ、

　2．確定申告書B第一表の㉛＞「㉜＋**年末調整で控除された住宅借入金等特別税額控除額**」

---

ということになります。

　この後に続くカッコ書きは2021年度税制改正において加えられた部分で、2022年1月1日以後に確定申告期限を迎える

ものから適用されます。これは重要な除外規定となっていますので、これについても確定申告書の記載箇所番号を使って言うと、上記2つの要件をいずれも満たしていても、㊺＜㊽となる場合又は㊾＜㊿となる場合、つまり、㊼に金額が記載される人は確定申告しなくていいということになるのです。

　この部分は新型コロナウイルス感染症の感染拡大防止対策として、確定申告をする義務がある人の範囲を絞ろうという趣旨で改正されたものといわれています。税理士の大多数は源泉所得税の還付申告になると思われますが、このような人については、この改正により2021年分所得税以降は申告義務がなくなることになります。しかし、青色申告特別控除の55万円又は65万円の適用を受ける場合には期限内申告が要件とされていますので注意が必要です。

　以上から、確定申告の義務がある人を一言でいうと、「**申告による納付税額がある人**」といえます。

　これに該当する人は義務として申告しなければならないため、当然に**期限が定められています**。そこで、第3期（その年の翌年2月16日から3月15日までの期間）が申告書を提出すべき期間として規定されているのです。

　しかし、第120条の規定だけだと、民間だけでも約5,990万人（2019年）に上る給与所得者については、年末調整されていてもこの2要件は満たしており、還付となる源泉徴収税額もありませんから、確定申告義務があることになってしまい、ゼロ納付の申告書が大量に提出されることになります。

　そこで、第121条において給与所得及び退職所得以外の所得金額が20万円以下の場合には確定申告義務がないこととされているのです（いわゆる給与所得者の確定申告義務の特例）。ただし、同族会社から地代や利息などの対価を受け

取っている場合には、給与所得者の確定申告義務の特例は適用されないため、第120条の2要件（除外規定を含む）によって確定申告義務を判定することになります。

　公的年金等についても同様に、その所得の収入金額が400万円以下の一定の納税者について、公的年金等以外の所得金額が20万円以下の場合には確定申告義務を免除しています。

（確定所得申告を要しない場合）

**第百二十一条**　その年において給与所得を有する居住者で、その年中に支払を受けるべき第二十八条第一項（給与所得）に規定する給与等（以下この項において「給与等」という。）の金額が二千万円以下であるものは、次の各号のいずれかに該当する場合には、前条第一項の規定にかかわらず、その年分の課税総所得金額及び課税山林所得金額に係る所得税については、同項の規定による申告書を提出することを要しない。ただし、不動産その他の資産をその給与所得に係る給与等の支払者の事業の用に供することによりその対価の支払を受ける場合その他の政令で定める場合は、この限りでない。

一　一の給与等の支払者から給与等の支払を受け、かつ、当該給与等の全部について第百八十三条（給与所得に係る源泉徴収義務）又は第百九十条（年末調整）の規定による所得税の徴収をされた又はされるべき場合において、その年分の利子所得の金額、配当所得の金額、不動産所得の金額、事業所得の金額、山林所得の金額、譲渡所得の金額、一時所得の金額及び雑所得の金額の合計額（以下この項において

「給与所得及び退職所得以外の所得金額」という。）
が二十万円以下であるとき。

（略）

2 その年において退職所得を有する居住者は、次の各
号のいずれかに該当する場合には、前条第一項の規定
にかかわらず、その年分の課税退職所得金額に係る所
得税については、同項の規定による申告書を提出する
ことを要しない。

一 その年分の退職所得に係る第三十条第一項（退職
所得）に規定する退職手当等（以下この項において
「退職手当等」という。）の全部について第百九十九
条（退職所得に係る源泉徴収義務）及び第二百一条
第一項（退職所得に係る源泉徴収税額）の規定によ
る所得税の徴収をされた又はされるべき場合

（略）

3 その年において第三十五条第三項（雑所得）に規定
する公的年金等（以下この条において「公的年金等」
という。）に係る雑所得を有する居住者で、その年中
の公的年金等の収入金額が四百万円以下であるものが、
その公的年金等の全部（第二百三条の七（源泉徴収を
要しない公的年金等）の規定の適用を受けるものを除
く。）について第二百三条の二（公的年金等に係る源
泉徴収義務）の規定による所得税の徴収をされた又は
されるべき場合において、その年分の公的年金等に係
る雑所得以外の所得金額（利子所得の金額、配当所得
の金額、不動産所得の金額、事業所得の金額、給与所
得の金額、山林所得の金額、譲渡所得の金額、一時所
得の金額及び公的年金等に係る雑所得以外の雑所得の

金額の合計額をいう。）が二十万円以下であるときは、前条第一項の規定にかかわらず、その年分の課税総所得金額又は課税山林所得金額に係る所得税については、同項の規定による申告書を提出することを要しない。

【参　考】20万円以下の判定に含める？含めない？

≪問題≫

給与所得及び退職所得以外の所得の20万円の判定について次のものはどのように取り扱えばよいでしょうか？適用後の金額で20万円以下かどうかの判定をすると思うものに○を、適用しないで20万円以下かどうかの判定をすると思うものに×をつけてみて下さい。

1．事業所得の青色申告特別控除額65万円

2．事業所得の青色申告特別控除額10万円

3．事業所得の特別償却額200万円

4．総合課税となる譲渡所得の特別控除額50万円

5．一時所得の総所得金額算入額である２分の１

6．居住用の財産を譲渡した場合の特別控除額3,000万円

≪考え方≫

ここでは、確定申告をしないで済むかどうかを判定している訳ですから、確定申告をしないことを前提に考える必要があります。つまり、**確定申告することが適用要件となっているものは適用しないで考える**ことになるのです。

したがって、１．は期限内申告要件があるため適用して判定することができません（租税措置法第25条の２第

3項、第6項)。

2．は青色申告であることだけが要件であり、申告要件はありませんから適用後の金額で判定OKです（同条第1項)。1．の65万円を差し引いて判定することはできませんが、10万円を差し引いて判定することはできることになります。

3．についても1．同様、申告要件があるため適用して判定することはできません（租税特別措置法第10条の2第6項ほか)。

4．と5．については、譲渡所得や一時所得の計算はこのようにする、ということになっているため、当然に適用して判定することになります（所得税法第33条第3項、第22条第2項第二号)。

6．の分離譲渡所得の特別控除については申告要件はあるのですが、例外的に控除後の金額で判定することとされています（租税特別措置法施行令第20条第4項の「所得税法第121条第1項」に関する部分及び第21条第7項の準用規定)。

≪答え≫

1．×　2．○　3．×　4．○　5．○　6．○

(ロ)　確定申告義務はないが、還付を受けるために権利の行使として行う申告…所得税法第122条

続いて第122条の条文を見てみましょう。

（還付等を受けるための申告）

**第百二十二条**　居住者は、その年分の所得税につき第一号から第三号までに掲げる金額がある場合には、次条

第一項の規定による申告書を提出することができる場合を除き、第百三十八条第一項（源泉徴収税額等の還付）又は第百三十九条第一項若しくは第二項（予納税額の還付）の規定による還付を受けるため、税務署長に対し、第百二十条第一項各号（確定所得申告）に掲げる事項のほか、次に掲げる事項を記載した申告書を提出することができる。

一　第百二十条第一項第三号に掲げる所得税の額の計算上控除しきれなかった外国税額控除の額がある場合には、その控除しきれなかった金額

二　第百二十条第一項第四号に掲げる金額の計算上控除しきれなかった同号に規定する源泉徴収税額がある場合には、その控除しきれなかった金額

三　第百二十条第一項第五号に掲げる金額の計算上控除しきれなかった同条第二項に規定する予納税額がある場合には、その控除しきれなかった金額

（略）

2　居住者は、第百二十条第一項の規定による申告書を提出すべき場合及び前項又は次条第一項の規定による申告書を提出することができる場合に該当しない場合においても、その年の翌年分以後の各年分の所得税について第九十五条第二項又は第三項（外国税額控除）の規定の適用を受けるため必要があるときは、税務署長に対し、第百二十条第一項各号に掲げる事項を記載した申告書を提出することができる。

（以下略）

　　この第122条はいくつか特徴があるのですが、私はこの条

文が所得税と消費税の違いを最も端的に表していると思います。順に確認してみましょう。

　第1項の文末が「提出することができる」とありますから、義務規定ではなく、**権利の行使をしてもよいという規定**だということが分かります。つまり、要件に該当していたらしてもしなくてもいい申告ということになりますから、**申告書の提出は納税者の自由意思に委ねられる**ということになります。

　また、この規定には**申告書の提出期限が記載されていません**。義務でないためということもありますが、やはり、所得税法は納税者の生活を脅かしてはならないため、還付を受けることができる場合には期限にこだわらずに申告することができることとしているのでしょう（実際には国税通則法第74条第1項の規定により、**申告をすることができることとなった日から5年以内**となっています）。

---

【考　察】還付税額がある人の申告義務

　次の方の申告義務はありますか？

・　Aさん

　事業所得の金額500万円　所得控除の額の合計額200万円（∴年税額は206,752円となる）

　**源泉所得税**の額1,000,000円⇒**793,248円の還付**となる

・　Bさん

　甲株式の配当の収入金額100,000円

　　　　　（源泉所得税15,315円）

　乙株式の配当の収入金額200,000円

　　　　　（源泉所得税30,630円）

　丙株式の配当の収入金額200,000円

　　　　　（源泉所得税30,630円）

丁株式の配当の収入金額70,000円

（源泉所得税10,720円）

※甲、乙、丙、丁株式は全て上場株式で、これ以外に
Bさんに所得はない。

・　Cさん

前年の事業が好調だったことから、多額の納付税額
となったため、今年は第1期、第2期合わせて800万
円の予定納税を行ったが、今年の業績が極端に悪く
なってしまい、所得がマイナスとなってしまった

まず、Aさんですが、これは税理士や弁護士、開業医
などがこのパターンとなります。この場合、結果的に源
泉所得税が還付となりますから、**申告義務がありません**
（2020年分所得税までは申告義務あり）。

次にBさんですが、上場株式等は銘柄ごとに申告不要
を選択することができるため、基本的に「所得なし」と
なる人ですから、**申告義務がありません**（所得金額≦基
礎控除となるので、第120条第1項の適用外）。しかし、
このまま放っておくと、所得金額が基礎控除以下となり
年税額が発生しないにもかかわらず、源泉所得税が控除
されっぱなしとなり、納税が行われていることになって
しまいます。これでは所得税法がBさんの生活を脅かす
ことになるかもしれませんから、申告義務はないけれど
も、負担する必要のなかった源泉所得税を還付するため
の申告を認めているのです。

Cさんも今年の所得がマイナスになるというお気の毒
な状態となられた訳ですが、第120条第1項の要件を満
たさず申告義務はないからといって確定申告を認めない
こととすると予定納税の800万円を丸々負担しなければ

ならなくなります。これでは本当にＣさんは生活ができなくなってしまいますから、申告義務はないけれども、予定納税を行った所得税を還付するための申告を認めているのです。

　上記の例では全員、第122条の適用による申告となります。つまり、第122条は第120条第１項の要件を満たさないか、いずれも満たすが除外規定に該当する又は第121条第１項の要件を満たすかのいずれかにより**申告義務がない人が源泉所得税又は予定納税の還付を受ける人のための規定**なのです。

　また、１か所から給与を得ており、年末調整が済んでいる人（第121条により確定申告義務免除）が医療費控除や寄附金控除などの適用を受けるために還付申告を行う場合も第122条の適用による申告に該当します。そのため、このような場合には５年さかのぼって確定申告を行うことができるのです。

---

【参　考】所得税の申告義務と消費税の申告義務

　第120条から第122条を見てきて、所得税の申告義務と消費税の申告義務はずいぶんと違う印象を受けられたのではないでしょうか？

　上記の例で挙げたＡさん、Ｂさん、Ｃさんは消費税的発想だと、還付申告はできないことになります。何故？申告義務がないから。

　消費税は物的課税の税目グループに属するため、納税者の経済的・社会的環境には全く配慮がありません。還付を受けることができる状態だったとしても、免税事業

者である場合には申告義務がなく、還付を受けることができないのです。

それに対し、所得税は人的課税として納税者の生活への配慮が前提とされているため、申告すれば還付税額が発生する場合には、確定申告義務がなくても確定申告書の提出を認めているのです。

還付申告ができる・できないについては、このように所得税と消費税で大きな違いがあるのですが、それはこれらの税目の前提や成り立ちによるのです。

(ハ) 申告義務はないが、損失の金額を来年以降の所得から控除するために権利の行使として行う申告…所得税法第123条

所得税の確定申告シリーズ最後は第123条です。これも条文から確認しましょう。

（確定損失申告）

**第百二十三条**　居住者は、次の各号のいずれかに該当する場合において、その年の翌年以後において第七十条第一項若しくは第二項（純損失の繰越控除）若しくは第七十一条第一項（雑損失の繰越控除）の規定の適用を受け、又は第百四十二条第二項（純損失の繰戻しによる還付の手続等）の規定による還付を受けようとするときは、第三期において、税務署長に対し、次項各号に掲げる事項を記載した申告書を提出することができる。

**一**　その年において生じた純損失の金額がある場合

**二**　その年において生じた雑損失の金額がその年分の総所得金額、退職所得金額及び山林所得金額の合計

額を超える場合

　三　その年の前年以前三年内の各年において生じた純
　　　損失の金額及び雑損失の金額（第七十条第一項若し
　　　くは第二項又は第七十一条第一項の規定により前年
　　　以前において控除されたもの及び第百四十二条第二
　　　項の規定により還付を受けるべき金額の計算の基礎
　　　となつたものを除く。次項第二号において同じ。）
　　　の合計額が、これらの金額を控除しないで計算した
　　　場合のその年分の総所得金額、退職所得金額及び山
　　　林所得金額の合計額を超える場合

　　　　　　　　　（以下略）

　第123条は第122条同様、文末が「申告書を提出することが
できる」となっていますから、申告義務はなく、権利の行使
として行う申告であることが分かります。ただ、第122条と
違うのは申告期限が設定されていることです（確定所得申告
同様、翌年３月15日）。

　第123条は１．青色申告者が不動産所得、事業所得、山林
所得又は一定の総合譲渡所得において損失が発生し、損益通
算を行ってもその年の所得から控除しきれなかった場合に翌
年以降３年間の所得から控除することができる場合や、２．
これらの損失について繰戻し還付を受ける場合、３．生活に
通常必要な財産について災害・盗難・横領により損失を受け、
雑損控除としてその年の所得から控除しきれなかったため、
翌年以降３年間の所得から控除することができる場合に、そ
れらの損失を翌年以降に繰り越すために確定申告書を提出す
ることができることとされているものです。

　このような場合には、原則として年税額が発生しないので、

第120条の確定申告義務規定の適用外となるのですが、今年発生した重大な損失を翌年以降の所得から控除することができないとなると、やはり納税者の生活を脅かすことになってしまいますから、確定申告義務がなくてもこのような申告書の提出が認められているのです。

㈡　これらの申告の違いが実務にどのような影響を及ぼすのか？

　　ここで触れてきた内容は何となく分かっているけれども詳しく理解している人はあまり多くないようです。しかし、これらの内容は結構重要なところであり、実務にもある程度影響を及ぼします。実務のどの部分に影響があるのでしょうか？

・　３月15日までに行わなければならない申告とそれ以降でもOKの申告を区別し、仕事の優先順位を考えるのに役立てることができる

　　所得税の確定申告は翌年正月明けから３月15日までの短い間に一気に進めなければなりませんから、時間との闘いになります。

　　時間をうまく使う方法のひとつに優先順位をつけて進めるというのがありますが、「確定所得申告」「還付等を受けるための申告」「確定損失申告」の３種類のうち、３月15日までに行わなければならないのは期限内申告が要件となっている特例の適用を受けない限りにおいては、「確定所得申告」と「確定損失申告」の２つです。

　　そこで、申告義務のない、権利の行使として行う「還付等を受けるための申告」については優先順位を後にもっていくことが考えられます。こういったものについては、極端にいえば３月16日以降に申告を行っても一向に差し支え

ありません。

　例えば、専従者に控除対象扶養親族を付け替えて還付申告を行うとか、所得金額が所得控除額内に収まっているけれども予定納税を行った税額の還付を受けるなどといったようなものです。ただし、後者の場合において55万円or65万円の青色申告特別控除を受ける場合には期限内申告が要件となっていますから、気を付ける必要があります。

・　過去の還付請求はいつの分までできるのかを把握することができる

　例えば、10年ほど前から控除対象扶養親族に該当する人を有していたけれども所得控除の対象となることを知らないまま年末調整や確定申告を行ってきた人が、この控除対象としていなかった人について扶養控除の適用を受け、還付請求をしようとした場合、いつの分までさかのぼることができるのかということとその申告・請求期限を把握することができます。

１．年末調整を行ってきたため確定申告をしてこなかった人の場合

　この場合には第122条の申告を新たに行うことになります。国税通則法第74条第１項により、申告しようとする年の**12月31日**までに５年分を申告することができます。これは、還付等を受けるための申告は翌年１月１日から申告することができるため、１月１日が基準とされているものです。

　例えば、2021年12月31日までに新たに還付等を受けるための申告を行うことができるのは2016年〜2020年までの分です。

２．毎年行ってきた確定申告について更正の請求を行う場

合

　　この場合には請求しようとする年の**３月15日が起点と
なりますから**、そこから５年以内の分について請求する
ことができます。

　　例えば、2022年３月15日までに更正の請求を行うこと
ができるのは2017年３月15日が申告期限である2016年分
から2021年分までの分です。

３．過去に還付等を受けるための申告を行っており、それ
について更正の請求を行う場合

　　レアケースになるかもしれませんが、第122条の申告
を行っており、それについてさらに更正の請求を行う場
合の期限は、その**申告を行った日から５年以内**とされて
います（所得税基本通達122－１）。

・　「権利の行使としての申告」を代行することによりお客
様に有難いと思って頂くことができる

　　「確定所得申告」「還付等を受けるための申告」「確定損
失申告」は３つとも同じ様式の申告書となっていますし、
普通は所得税の確定申告が３つに区分されているというこ
とも意識しません。

　　ですから、例えば、個人事業者の業績が良くなくて所得
控除が余るといったような場合に扶養控除などを専従者に
付け替える申告をするような場合には、「いつもはご主人
の扶養親族としていたお子さんを今回は奥さんに付け替え
て奥さんの還付申告を一緒にさせて頂きます。奥さんの申
告は本当はしなくていいのですが、これは還付金の請求手
続きのようなものですからね。」などと説明すると喜んで
頂けるのではないでしょうか。

　　厳密にいえば、このような場合にはご主人の確定申告は

ゼロ申告となるため所得税の申告義務はないのかもしれません が、住民税や個人事業税の申告義務、所得控除の帰属 の確定、消費税との絡みからゼロ申告であっても申告書を 提出しておくのが無難といえるでしょう。

## 6 本章のまとめ

　最初の部分で所得税の重要なところにたくさん触れました。これを要約すると、次の通りとなります。

① 「立法趣旨を念頭におく」「常にアンテナを張っておく」「立法側の立場で考えてみる」が税法理解の近道となる

② 所得税の計算パターンは5段階⇒それぞれの役割・意味を理解する

③ 所得税は法人税と違い、生身の人間に課されるため、生活を脅かさないように数々の配慮がなされている

④ 各種所得の10区分と所得控除、そして超過累進税率の採用にその配慮が端的に示されている

⑤ 所得税申告の目的は所得税額の計算と所得金額の計算の2つ

⑥ 確定申告が義務なのか、それとも権利の行使なのかということを意識すると仕事の優先順位に選択の幅ができる

# 第 2 章

# 所得って、何？

法人税の課税標準である所得金額は、我々が勉強してきた簿記で求める「当期純利益」に税務調整を加えて求めるためイメージしやすいのですが、所得税でいう所得とはどのようなものなのでしょうか？課税の対象となるものの実体を知らなくても算式に当てはめて計算していけば正しい答えに辿り着くことはできるのですが、逆にこれを知っておくと日々の仕事の意味が明確になり、作業品質も向上するでしょう。

　しかし、所得税法の中に所得の定義はありません。では、どのように所得税の課税の対象を把握しておけばよいのでしょうか？それをこの章で明らかにしていきます。

## 1 「所得」は所得税法に定義がない

① 「所得」って何？それを知るとどうなるの？？

　所得税は名前に「所得」とついています。さらにその課税標準は総所得金額、山林所得金額及び退職所得金額（並びに租税特別措置法に規定されている短期譲渡所得金額その他の所得金額）とされており、さらにこれらの課税標準の計算の基礎となっている各種所得の金額、所得控除など、至るところに「所得」という言葉が使われています。ところが、**「所得」というものの定義が所得税法のどこにもありません。**一体、所得って何なのでしょうか？

　前章で述べた確定申告の種類同様、このことについても普段あまり意識しないところですが、我が国の所得税において所得とはどのようなものとして運用されているのかを知っていると、何故家事費が必要経費とはならないのか、ひいてはどこまでが必要経費なのかという判断に自信を持つことができるでしょう。

② 所得は差引で求められる

　所得の本質に迫る前に所得の求め方から。ざくっと言ってしまうと、所得の求め方は**収入金額－必要経費**です。この必要経費に当たる部分は所得の種類によって計算の仕方や呼び方が異なっており、給与所得や公的年金等の所得の場合には収入金額から算式で求める「給与所得控除額」「公的年金等控除額」という名前が、退職所得については勤続年数から求める「退職所得控除額」という名前がそれぞれ付けられています。譲渡所得においては「取得費」「譲渡費用」といってみたり、一時所得においては「その収入を得るために支出した金額」といってみ

たりしていますが、いずれも広義の必要経費であることに変わりありません。

　所得税は担税力に応じて収入金額を10の所得に区分しているため、**ある所得の収入にヒモがつく支出は同じ所得の必要経費**ということになります。さらにいえば、**非課税の収入にヒモがつく支出は家事費として、いずれの所得の必要経費にもなりません**。

　このことはとても大事ですから、しっかり覚えておきましょう。

---

【参　考】はずれ馬券の購入費は控除できない？

　少し前にコンピューターを使って馬券のインターネット投票（ソフトによる自動投票）を行って得た払戻金の課税について裁判で争われた事例がありました[2]。この裁判は最高裁まで争われ、納税者が勝ったことから話題になりました。

　この事例では、予想をコンピューターで行い、1レース当たり大量の買い目を作って高配当を得ることを繰り返す行為についてその取扱いが争われました。

　課税当局は一時所得として当たり馬券の購入費用のみを必要経費とすることができると主張したのに対し、納税者側は営利を目的として継続反復して行っていることから雑所得としてはずれ馬券の購入費用も必要経費として控除することができるとし、主張が対立したのです。

　裁判所は最終的に雑所得としてはずれ馬券の購入費用も必要経費とすることを認めた訳ですが、この判決はさてお

---

2　平成27年3月10日最高裁判決

き、一時所得の計算において何故はずれ馬券の購入費用は控除することができないのでしょうか？

　分かりやすく、例を挙げてみましょう。

　2021年1回阪神8日目第11レースで単勝（1着を当てる）270円という配当が出ています。これは100円で買った馬券が270円になるという意味ですから、倍率にすると2.7倍となります。

　このレースでこの勝った馬（Xとします）の単勝馬券を100万円買っており、これ以外のAという馬とBという馬に100万円ずつ、計300万円投じていたとします。結果、Xという馬が勝って270万円を手にすることができました。一般的な感覚でいうと、このレースは300万円を投じて270万円しか回収できなかったので30万円負けたことになります（いわゆる当たり損）。しかし、所得税の計算においては課税所得が発生するのです。

　1年間でこのレースだけしか馬券を買わなかったとすると、一時所得の金額の計算においては、勝った馬の馬券分100万円しか控除することができません。すなわち、（270万円－100万円－50万円）×1／2＝60万円が総所得金額に算入されることになります。負けたレースのはずなのに、所得が発生して、税負担が出てくるのです。

　この場合、何故、AやBという馬に投じた200万円が計算に入ってこないのでしょうか？

　これは為政者の側に立って考えるとよく分かります。

　もともと、**馬券の購入費用というのは娯楽費用であり、映画館やコンサートのチケット代などと同じで必要経費性**はないのです。しかし、馬券の購入は映画のチケット代などとは異なり、予想を的中させると配当金という収入が生

じます。**この収入は課税対象になるので、それを得るために支出したものまで家事費として取り扱う訳にはいきません。**そこで、その収入にヒモがつく当たり馬券の購入費用だけは必要経費として控除することを認めたのです。

　所得税では**課税対象となる収入にヒモがつく支出は必要経費として控除するという大原則**がここでも見てとることができます。

③　法人税の「所得金額」について考えてみる

　所得税の「所得」について考える前に法人税の課税標準である「所得金額」について考えてみたいと思います。

㈤　法人の利益の概念を明確にする

　法人税の「所得金額」は事業年度において獲得した当期純利益に税務調整を加えたものですから、まず、利益の概念を明確にしておきましょう。

　利益というと、「売上－原価－販管費±営業外項目±特別損益－法人税等」という式を思い浮かべますが、実態として今ひとつピンときません。確かに計算式としては合っているのですが、利益そのものの説明にはなっていないのです。

　結論から先に述べますと、

　利益とは「期間の初めと末の純資産（≒企業価値）の増加額」

というのが正解です。これはしっかりと覚えておいて下さい。なお、配当や増資、減資のことはここでは考えないこととします。

会社が持っているものを資産（積極財産）といい、他人に対して返済などの支払い義務があるものを負債（消極財産）といいますね。そしてその差額が純資産です。こう考えると、この**純資産が企業価値**だということが分かります。この部分が期間の初めと終わりを比べて増えていればその増加額を「利益」、減っていればその減少額を「損失」と呼んでいるのです。

### ＜法人の利益の概念図＞

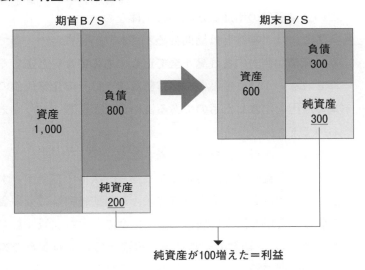

純資産が100増えた＝利益

　この図を参考に事例で説明します。資産は全部現預金、負債は全部借入金と考えて下さい。

　期首の段階でこの会社を全部買って欲しいと言われました。いくらで買いますか？通帳に1,000あるからといって1,000で買う人はいませんね。やはり、その時点の負債額800を差し引いた200で買うというのが正解でしょう。では、なぜ200で

買うのかというと、この時点の企業価値が200だからと言い換えることができるでしょう。

しかし、この時点では買いませんでした。そして１年が経過し、期末の状態になったとき、もう一度この会社を全部買って欲しいと言われました。いくらで買いますか？当然、期首のときと同様、純資産額の300で買うことになるでしょう。何故？その時点の企業価値が300だから。

ここで、期首と期末の企業価値がどれだけ上がったかに注目してみましょう。200から300に100だけ増えていますね。**この企業価値の増加額が利益の正体なのです。**

ここでは、利益とは期間初めと終わりの純資産の差額であり、**貸借対照表の各残高が全て正しいものでないと正しく計算されない**ということと、**損益計算書とはその企業価値の増減の原因を記載したものである**ということをしっかり覚えておいて下さい。

㈡　法人税の所得金額を一言で表すと

法人の利益の概念が明確になったら、次は所得金額です。法人税の所得金額は確定決算で求めた当期純利益に企業会計の収益・費用と法人税法の益金・損金の差異を加減算して求めますから、「**期間の初めと末の税務上の貸借対照表の純資産価額の増加額**」ということができるでしょう。

この税務上の貸借対照表は完全に法人税法上の益金・損金の世界で作成されていますから（実際には作成しませんが）、例えば、減価償却費や貸倒引当金などは損金算入額が資産の額から減額されることになりますし、損金不算入である納税充当金という負債は記載されません。

このように留保加算・留保減算の項目はそれらを調整して税務上の貸借対照表を作成することになるのですが、役員給

与や交際費等、寄付金、附帯税等の損金不算入、法人税等還付金の益金不算入などといった社外流出加算項目や※減算項目（いずれも永久差異となります）についてはどのように純資産価額に反映させればよいのでしょうか？

　これらは資産や負債に関することではなく、損益に関する項目について会計とは異なる処理を行うということになりますから、加算項目については**「費用・損失項目の損金性否認」**、減算項目については**「収益・利益項目の非課税化」**といえるでしょう。

　このような社外流出加算項目は既に資金流出してしまっていますから、損金不算入とはいえ、税務上の貸借対照表の資産を増やす訳にはいきません。※減算項目についても然り、です。

　そこで、税務上の貸借対照表には資産の下に「流出加算項目」という欄を、負債の下に「※減算項目」という欄をそれぞれ設けるのです。その上で、これらを借方と貸方に加えて計算した差額を税務上の貸借対照表における純資産金額とするのです。これらのうち、資産と負債の残高は翌事業年度に繰り越されるのですが、「流出加算項目」と「※減算項目」の残高については翌期に繰り越されることはありません。

## 【法人の税務上の貸借対照表のイメージ】

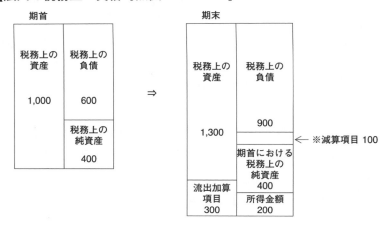

これって、どこかで見たことないですか？そうです、所得税の青色申告決算書４ページ目に記載する貸借対照表ですね。所得税の「所得」もどうやらこの辺にヒントがありそうです。

## 2 包括的所得概念（純資産増加説）の採用

　さて、法人税の所得の求め方が明らかになったら次は所得税です。これら2つの税目はいずれも「もうけの一部を国に納める」という性質がありますから、所得というものの本質は同じものであるように思われますが、所得税には所得税ならではの特殊事情があって、法人税のそれとは少し異なるのです。

　例を挙げて説明しましょう。給与収入が400万円のAさんとBさんがいるとします。2人とも他に収入はありません。Aさんは超大金持ちの親と暮らしており、幸いなことに生活費や小遣いなど全て親が負担してくれますから、給与収入はもちろん、その他の自分の財産を減らすことがありません。自分の財産は手つかずとなった1年間の給与収入の400万円だけ増えました（便宜上、源泉所得税や社会保険料など差し引かれるものはないものとします）。

　これに対し、Bさんは普通に生活しており、給与収入は日々の生活費に充てられています。今年は400万円の収入のうち生活費を340万円に切り詰め、60万円を貯金することができたので、自分の財産は60万円増えました。

　Aさん、Bさんとも今年は新たに借金をしなかったとすると、法人税のような所得の考え方ではそれぞれいくらの所得になるでしょうか？

　Aさんの税務上の純資産は400万円増えたのに対し、Bさんの税務上の純資産は60万円しか増えていません。これをそのまま所得税上の所得として考えてもよいのでしょうか？

　この考えがまかり通るのであれば、税金対策として暮れにどんちゃん騒ぎをするのに大枚をはたく人や、旅行などで散財する人がたくさん出てくると思います。しかし、実際にはそのようなことは

ありません。

　では、どのように所得を求めるのかというと、**純資産増加額にその年における消費額を加える**のです。こうすることによって、Ａさんの純資産増加額（400万円）とＢさんの純資産増加額・消費額（60万円＋340万円＝400万円）は同額となり、給与所得の金額（実際には給与所得控除後の金額）はイコールとなるのです。

　この定義によると、**純資産増加の原因となった収入は臨時的・偶発的に発生したものも含めて全て所得となります**。ですから、このような所得の考え方は**包括的所得概念**と呼ばれるのです（これに対し、臨時的・偶発的な収入は課税対象としない考え方を制限的所得概念といいます）。これを算式で表すと次のようになります。

---

**包括的所得概念における所得＝期中純資産増加額＋期中消費額**

---

　この純資産増加・消費額発生の原因となったものを担税力に応じて10個に区分して課税を行っているのが我が国の所得税なのです。

**（包括的所得概念における所得の概念図）**

2021.1.1 現在の財産・債務の状況

現預金 1,000 万円（財産）

借入金 300 万円（債務）

差引き 700 万円（純資産）

2021.12.31 現在
生活費（消費額）を調整して所得を求める

借入金 250 万円（債務）

現預金 700 万円（財産）

差引き 1,000 万円（純資産）

消費額 550 万円

所得＝300 万円

054

この図で説明します。本当の純資産は年初時点で700万円ですが、年末には700万円－250万円＝450万円となっています。700万円の純資産が450万円になった訳ですから、純資産増加額は△250万円です。しかし、これだけで所得を考えると、生活費を多く支出した人を税優遇することになり、無駄遣いを助長することにもなりかねませんから、消費額を課税対象に加えます。消費額は550万円ですから、550万円＋（△250万円）＝300万円となるのです。

　この消費額は資産ではないのですが、税務上の貸借対照表では借方残として記載され、**我々は「事業主貸」という勘定科目を用いて処理**しているのです。

　この事業主貸勘定は期中取引の１つとして積み上げ計上されますが、１年間の消費額として課税対象とされたら役割を終えるため、翌年に繰り越されることなくリセットされます。さらに、この**事業主貸勘定は法人の所得でいうと「永久差異」に該当します**。これは期ズレとは異なり、税の取り戻しが効かない取られっぱなしの部分となります。

　これとは対照的に、その所得以外の収入項目については「事業主借」という勘定項目を用いることになります。

## 3 非課税所得について

① 非課税所得は包括的所得概念の所得か？

　ある収入が個人の期中純資産増加又は期中消費の原因となっていれば、包括的所得概念における所得として認識されますが、所得であれば全て所得税が課される訳ではありません。

　所得税の非課税は所得税法第9条をはじめ、当せん金付証票法第13条、雇用保険法第12条、生活保護法第57条その他実に様々な法律に規定があります。これは包括的所得概念上の所得ではあるけれども、その趣旨や目的などから所得税を課することが適当でないとされているためです。

　こう考えると**非課税は包括的所得概念においては「所得」とされます**。逆にいうと、所得とされるからこそ非課税規定を置く必要があるのでしょう。

　このことは消費税でいうと、課税4要件を全て満たし課税取引となったけれども、消費という概念になじまないこと又は社会政策的配慮から非課税として取り扱われるのに似ています。

　なお、非課税所得は所得金額に算入されないこととなっています。このように考えると、行政諸政策に利用される所得金額というのは、どれだけのもうけがあったのかというよりむしろ、「所得税が課されるもうけがどれだけあるのか」という意味合いに近くなると思われます。


② 知っておくと便利な帰属所得

　ここで、知っておくと所得税の理解に役立つ非課税所得を紹介します。それは「**帰属所得**」と呼ばれるものです。ちょっと耳慣れない言葉かもしれませんが、これは**自己の財産の所有か**

ら生ずる利益、又は自己のためにする役務提供によって生まれる利益のことを指します。

　例えば、自分でDVDを所有していればレンタルDVD屋さんに行って借りて来なくてもそのDVDを観ることができます。この場合、レンタルDVD屋さんに支払うレンタル代が浮きますから、この支払わなくて済んだお金を所得とみるのです。

　また、自分で家の掃除をすれば業者さんに支払う清掃代が浮きます。この支払わなくて済んだお金も所得とみます。

　これって確かに利益といえば利益だけど、何か変だと思いませんか？そうです、帰属所得には「収入」がないのです。

　我が国の所得税は流入概念の税目といわれており、基本的に、収入したものがあって初めて課税対象になるとの立場を採っています。したがって、我が国では所得税法第39条〜第41条（たな卸資産の自家消費・贈与等、農作物の収穫基準）を除き、帰属所得は非課税とされています。

　帰属所得は評価が難しいですし、そこに担税力を求めるのはいささか酷な感じもします（特に自己労働によるもの）から妥当な取扱いだと思います。また、この**帰属所得にヒモがつく支出は全て家事費となりますから、いずれの所得の必要経費にも算入されません。**

---

【考　察】専ら家事に使用する減価償却資産の取得費はなぜ償却費相当額減額後の金額とされるのか？

　ちょうど10年前に5,000万円（土地3,000万円、建物2,000万円）で買った住宅を今年5,000万円（土地3,000万円、建物2,000万円）で売却した場合（譲渡費用はないものとします）、買った金額と同じ金額で売った訳だから所得はゼロなんじゃないの？というお客様の声をしばしば耳にしま

す。感覚的にはその通りだと思います。

　しかし、土地についてはそれでよいのですが、建物は減価償却資産なので10年間の償却費相当額分だけ取得費が目減りしますから、その分の譲渡所得が発生するということは我々会計事務所に籍を置く者はよく分かっています。しかし、なぜ償却費相当額を減額して取得費を計算するのでしょうか？確かに建物は減価償却資産ですが、住宅のものについてはどの所得の必要経費にもなっていないのです！

　それはこういった考えによるものです。

　自宅建物についてはその所有によって誰かに家賃を支払わなくてもよいという「帰属所得」が発生しています。もちろん、この帰属所得は非課税なので申告をしたりすることはありませんが、自宅建物の減価償却費はこの帰属所得にヒモがつくものではありませんか？

　所得税において非課税所得にヒモがつく支出・経費は家事費としてどの所得の必要経費にも算入されないというのは絶対原則ともいえるでしょう。これにより、自宅建物の減価償却費相当額は家事費とされ、譲渡所得の必要経費（取得費）にはならないこととされているのです。

　今回の例では、長期譲渡所得に係る総収入金額は5,000万円、土地の取得費は3,000万円、建物の取得費は2,000万円－2,000万円×0.9×0.031（木造22年×1.5＝33年の旧定額法償却率）×10年＝1,442万円となり、全体で558万円の所得となります（実際には居住用の3,000万円控除の範囲内なので課税なし）。

　ちなみに、この場合の償却費相当額は旧来からの所得税の法定償却方法である旧定額法を用いているため、0.9を掛けて、しかも、実際の耐用年数の1.5倍の年数に対応す

る償却率で計算することになっています。これは、償却費相当額が小さくなる計算方法なので取得費は大きくなりますから、**納税者有利の取扱い**といえます。

やはり、帰属所得という目に見えない非課税所得にヒモがつくものなので、納税者心理への配慮から取扱いをある程度ゆるくしてあるのでしょう。

---

【参　考】ドイツの住宅税制と帰属所得

かつて、ドイツでは住宅を所有している場合、その帰属所得を非課税とせず、通常の所得として取り扱っていた時期があるようです。こうすると、その住宅に係る減価償却費や借入金利子などを必要経費に算入することができます。この帰属所得の収入金額は通常の家賃相場よりもかなり低い金額で計算することになっていたらしく、その所得の赤字を他の所得と損益通算することにより税負担を軽減するというのがこの取扱いのねらいだったようです。

我が国では年末借入金残高の一部を所得税額から控除することにより税負担の軽減を図っていますが、ドイツのこの制度によれば借入金がなくても税負担が軽減されるため、幅広い住宅取得促進税制といえます。

この制度から学ぶことは、先程（P46参考）の当たり馬券購入費同様、非課税から外れて**課税対象となると、それにヒモがつく支出・経費が必要経費に算入することができる**ということです。所得税はヒモつきの文化、法人税は按分の文化という人がいますが、このヒモつきの考え方を是非ともマスターしておきたいものです。

## 4　源泉徴収制度

① 納税者数が不特定多数に及ぶ所得に対する税務執行の困難さ

　　終戦直後のシャウプ勧告以来、所得税は原則、確定申告により各個々人が納めるべきもの又は還付されるべきものを精算するという建前になっています。しかし、その課税執行については「数」に対して困難を伴うものがあります。何の数かというと、納税者と所得獲得機会の数です。

　　例えば、給与所得については、所得者が民間だけで2019年末現在で5,990万人もいる[3]そうで、これらの人々に確定申告書を提出の上、納税してもらうというのは相当の困難を伴います。

　　さらに、利子所得や配当所得は預貯金口座や配当が行われる会社の株式を持っているだけで自動的に発生し、しかも、所得発生のタイミングは無数にあります。こういったものについて所得者に申告納税をしてもらうということを考えた場合、その執行が困難を極めることは想像に難くありません。

　　ご案内の通り、このような困難に対する対応として源泉徴収制度が設けられ、支払者側で所得者の所得税を徴収し、残額を手取りで渡すということが行われています。これにより、利子所得や少額配当、上場株式の配当、年末調整で課税関係が完結する給与については所得者の側で確定申告を行うことなく税の徴収が可能となるのです。

　　源泉徴収税額については、所得税が納税者の生活を脅かさない範囲としなければならないということと、なるべく簡易な計算方法で求められるようにしたいということから、原則、定率

---

3　国税庁（2020）「令和元年分民間給与実態統計調査」P 8

となっています。

　しかし、給与所得の源泉徴収税額については、給与自体が生活の糧であること（私はこういう所得を「メシの種所得」と呼んでいます）から、あまり大雑把に決める訳にもいかないため、扶養親族等の数に応じて細かく定められています。

　このように制度化されている源泉徴収ですが、取りっぱぐれないように、かつ、自然人の生活を脅かさないようにしなければならないため、微妙なバランスの上に成り立っているものといえるでしょう。国税庁の資料によると、2019年分所得税の申告書提出総数22,041千件のうち、13,025千件（全体の59.1%）が還付申告である[4]ことを考えると、それなりにうまく機能しているのではないでしょうか。

② 年末調整と確定申告

　源泉徴収制度は我が国以外にも広く採用する国はありますが、給与所得について年末調整を行い、確定申告を不要とする国はそう多くないようです。

　先程、給与所得者は民間だけでも5,990万人いると紹介しましたが、これらのうち給与所得しかない人は相当の割合に上ることでしょう。このように考えると、年末調整はそういった人々の還付申告の手間を省いているといえます。反面、源泉徴収票に記載されているとはいえ、納税者が自分で税額を計算する機会がないため税に無知・無頓着となり、タックスペイヤーとしての自覚が損なわれるという欠点も同時に持ち合わせています。

---

4　国税庁（2020）「令和元年分の所得税等、消費税及び贈与税の確定申告状況等について（報道発表資料）」P5

## 5　本章のまとめ

　所得税の取扱いに不可欠な「所得」の定義を紹介しました。この部分は所得税の仕組みを理解する上で避けて通ることができないところですが、まとめると次のようになります。

① 　所得は収入金額と必要経費の差し引きで計算される

② 　とはいえ、これは計算方法（測定方法）に過ぎず、実体は貸借対照表における純資産増加額に期中消費額を加えたものとなっており、期中消費額は資産の下に「事業主貸」という勘定で表される（包括的所得概念）

③ 　法人にはない「期中消費額」が課税対象とされていることが所得税の大きなポイントとなっている

④ 　非課税所得は包括的所得概念上の所得に該当するが、様々な理由から所得税を課さないとしたものであり、これにヒモがつく支出は必要経費たり得ない

⑤ 　所得者が多数に上るものについては源泉徴収制度を採っており、支払者側で税を徴収して納めることになっている

⑥ 　源泉徴収税率については簡素な計算とするため定率が原則となっているが、給与所得については所得者の生活を脅かさないよう、扶養親族等の数に応じて細かく設定されている

⑦ 　給与所得については源泉徴収のみならず年末調整により他の所得がなければ確定申告を不要とする制度となっている

# 所得税の処理を行う際に
# 心得ておきたいこと

所得税の処理において心得ておきたいことがいくつかあります。
本章ではこの部分について順に説明していきます。

## 1　その所得は何所得？〜所得税はヒモつき文化の税目

　所得税法の課税趣旨や課税上の考え方について今一度まとめてみましょう。

1．所得税は自然人に対してそのもうけの一部を納めさせる税金である

2．生存権を規定した日本国憲法第25条などとの絡みから、生活を脅かすような課税を行ってはならない

3．そのための1つ目の工夫として、もうけの発生原因別にその担税力の強弱に応じて10に所得を区分し、それぞれ所得の計算式を設けることによって担税力を調整している

4．そのための2つ目の工夫として、各人の社会的・経済的事情を踏まえて15種類の所得控除を設け、いずれの所得が発生した場合においても控除して税額を計算することになっている

5．そのための3つ目の工夫として、超過累進税率を採用し、課税所得が大きい人には大きい税率が、小さい人には小さい税率が適用されるようになっている

　このような所得税の前提から、収入の取扱いにせよ、支出の取扱いにせよ、「担税力」を考慮して取扱いが定められている所得税においては、「どの所得（非課税所得を含む）に関するものなのか」ということを考えることになります。

① 所得区分の判定の順序

　ある収入についてこの所得はどの所得区分になるのかを考えることは所得税の取扱いの入り口といえるでしょう。この判定については様々な方法があるとは思いますが、私の判定順序を紹介します。

(イ)　一目で分かる所得かどうかを確認する

　　以下に挙げる所得は一目で分かりますから、どの所得区分になるのかということについて悩む必要はありません。

- 　金融機関にお金を預けて得られた利息については利子所得や一時所得（懸賞金付き定期預金などの当選金）、雑所得（定期積金の給付補てん金）の源泉分離課税として確定申告に盛り込む必要がない
- 　会社などに出資して得られた利益や剰余金の分配金については配当所得
- 　土地、建物、船舶、航空機などの**貸付け**から得られたものについては不動産所得
- 　給与所得の源泉徴収票があれば給与所得
- 　退職所得の源泉徴収票・特別徴収票があれば退職所得
- 　所有期間が5年を超える山林（立木の部分）の譲渡は伐採する、しないにかかわらず山林所得
- 　土地や土地の上に存する権利、建物の譲渡であれば土地・建物の分離譲渡
- 　株式の譲渡であれば株式の分離譲渡（ゴルフ場利用株式については総合譲渡）
- 　契約期間が5年を超える生命保険契約や損害保険契約などの満期返戻金又は解約返戻金は一時所得　　など

(ロ)　対価性があるかどうかを確認する

　　通常、収入というと何かを（して）あげたことの見返りとして得られるものですが、世の中、一方的に収入を得られるということもあります。例えば、懸賞の当選金品や遺失物拾得者の報労金などがこれに当たります。

　　このような所得は対価でもないのに収入された訳ですから、ラッキーな所得といえます。このように、**対価性がないラッ**

キーな**一時の**（＝**継続性のない**）所得については一時所得として処理することになります。

　また、競馬や競輪の払戻金についても継続性があると認められる場合を除いては一時所得として取り扱うことになります。**法人からの贈与**についても業務に関して受けたものや継続性があると認められるもの以外については同様の取扱いとなります。

　ちなみに、法人からの配当については対価性がないラッキーな所得ですが、配当所得として限定列挙された収入になりますから、配当所得として取り扱うことになります。

---

【**参　考**】何故、法人からの贈与は贈与税ではなく所得税が課されるのか？

　個人が他の個人から財産の贈与を受けると、贈与を受けた人に贈与税が課されます。しかし、個人が法人から財産の贈与を受けると贈与税ではなく所得税の一時所得として取り扱うことになっています。これは何故でしょうか？

　贈与税は相続税の補完税としての機能があります。すなわち、生前贈与は相続税の課税対象である遺産が減少する原因となるため、相続税の前払いのような形で贈与税が課されるのです。このため、贈与税は相続税法に規定があります。

　さて、法人からの贈与は相続税の前払いという性質を持つ贈与税の対象とすべきでしょうか？法人には相続はありませんから、不適当ということになりますね。

　そこで、贈与を受けた個人の純資産が増えていることには違いないので、所得として所得税の課税対象とされ

---

ているのです。所得区分は対価性のない一時の所得ということで一時所得とされています。

(ハ)　資産性所得かどうかを考える

　　ここまでは所得区分にあまり悩まずに済む所得でしたが、ここからは、それら以外の所得についての区分方法です。

　　私はこういったズバリの所得区分がない収入については、まず、資産性所得なのかどうかを考えます。資産性所得とは、資産の譲渡や貸付けなどから生じる所得で、不労所得に該当します。具体的にいうと、利子所得、配当所得、不動産所得、山林所得、譲渡所得及び雑所得（利息の受取や山林の譲渡のうち利子所得や山林所得とはならないものなど）となります。

　　資産性所得のグループに該当すれば、利子所得や配当所得は一目で分かる所得ですし、不動産所得や山林所得、譲渡所得の区別はあまり迷うところがないと思います（借地権の設定に係る不動産所得・譲渡所得は要注意）。

(ニ)　勤労性所得かどうかを考える

　　さて、ここまで３つのフィルターを確認してきましたが、これらのどれにも該当しない場合には勤労性所得かどうかを考えることになりますが、ここが一番難しいと思います。

　　勤労性所得は具体的にいうと、事業所得、給与所得、退職所得及び雑所得（事業と称するに至らないもの）となります。

　　これらは「給与所得なのか退職所得なのか」という判断と「事業・雑所得なのか給与所得なのか」という判断に分かれます。

　　まず、給与所得なのか退職所得なのかという判断について。これらはいずれも労務の対価（退職所得は給与の後払い）なのですが、退職所得は一生に何度ももらえる機会がないもの

とされており、会社を退職し、老後の生活資金となっていくものという前提があるため、分離課税として軽課されています。

　ここで退職所得の要件を考えてみましょう。所得税法第30条によると、1．退職によって発生すること、2．一時の所得であること、とあります。

　これらのうち、1．退職によって発生すること、というのが問題になることがあります。登記上、法人の役員は辞任しているけれども、実態は辞任前と全く同じ働き方としている、などといった場合です。この場合、退職金として支払われたものは賞与として取り扱われ、給与所得となりますので注意が必要です。

　次に事業・雑所得なのか給与所得なのかということについて。これについては実に悩ましい部分が多く、裁判事例も数多くあります。永遠のテーマといってもよいでしょう。いずれに該当する場合であっても総所得金額を構成するのですが、所得の計算方法（実額経費控除か概算額控除か）と源泉徴収の要否、そして消費税の課税対象となるか否かという点に大きな違いがあります。このように所得税のみならず消費税にも影響があるため、しばしば問題となるのです。

　事業・雑所得なのか給与所得なのかという問題は、支払い側で源泉所得税をどのように処理したかということが受取側の所得区分に大きく影響しますから、**経費にする側が所得区分のカギを握っているといえるでしょう。**もちろん、支払い側の独断で決定することができる訳でもなく、一定の判断基準がありますから、それに従うことになります。

　その判断基準の説明に入る前に、事業・雑所得と給与所得の支払い側、受取側のそれぞれの都合をおさらいしておきま

しょう。支払い側からすると、給与所得とするよりも事業・雑所得とした方が源泉徴収もしなくて済みますし、消費税の課税仕入れにできる場合もありますから、外注費などとして処理した方が都合がよいのです。

これに対し、受取側は支払い側の処理に付き合わされる格好となるのですが、給与所得としてもらった方が消費税や個人事業税の課税対象とはなりませんし、必要経費の実費額が少なければ給与所得控除によって所得が小さくなり、また、年末調整によって確定申告が不要となる可能性もあるため、都合がよいのです。

このように、事業・雑所得か給与所得かという問題は支払い側がイニシアチブを握っているのですが、実は、支払い側と受取側で利害が対立するのです（そういったことは知らないまま取引が行われていることが多いですが）。

さて、判断基準ですが、過去の判決を見ていると、次のようなことがよく取り上げられています。

- 「給与」は雇用されて得る対価なのに対し、「事業・雑」は独立的に得る対価
- 「給与」は他人の指揮監督下においてその支配に服して提供されるが、「事業・雑」は仕事の成果に対して提供される
- 「事業・雑」は自己の危険と計算によって行われるが、「給与」は自己の危険はない
- 「事業・雑」は営利性、有償性を有し、かつ反復継続して遂行する意思と社会的地位が客観的に認められる業務から生じているが、「給与」は継続反復しなくてもよい

もちろん、必ずしもこれらの基準について全てどちらか一方の所得側にマルがつくという訳ではありませんから、総合

的に判断することになるのですが、支払い側の税務調査があった場合、**調査官には外注費を給与にもっていきたいという意向が働きます**から、外注費とする場合にはそれなりの理論武装が必要となるでしょう。なお、同様の基準が消費税法基本通達１－１－１にもありますので、参考にするとよいでしょう。

【参　考】消費税法基本通達１－１－１
（個人事業者と給与所得者の区分）

１－１－１　事業者とは自己の計算において独立して事業を行う者をいうから、個人が雇用契約又はこれに準ずる契約に基づき他の者に従属し、かつ、当該他の者の計算により行われる事業に役務を提供する場合は、事業に該当しないのであるから留意する。したがって、出来高払の給与を対価とする役務の提供は事業に該当せず、また、請負による報酬を対価とする役務の提供は事業に該当するが、支払を受けた役務の提供の対価が出来高払の給与であるか請負による報酬であるかの区分については、雇用契約又はこれに準ずる契約に基づく対価であるかどうかによるのであるから留意する。この場合において、その区分が明らかでないときは、例えば、次の事項を総合勘案して判定するものとする。

(1)　その契約に係る役務の提供の内容が他人の代替を容れるかどうか。

(2)　役務の提供に当たり事業者の指揮監督を受けるかどうか。

(3)　まだ引渡しを了しない完成品が不可抗力のため滅失した場合等においても、当該個人が権利として既

に提供した役務に係る報酬の請求をなすことができ
　　　るかどうか。
　⑷　役務の提供に係る材料又は用具等を供与されてい
　　　るかどうか。

　この通達の⑴は、他人の代替を容れる、すなわち、孫請け
の人がやってきて仕事をやっていてもOKということであれ
ばそれは外注費だろうということです。逆に給与だったら労
働法による制約があるため難しい面が出てきてしまいます。
　⑵は、指揮監督を受けていれば給与だろうということです
（工事現場によっては現場監督が必要になる場合も多いです
から、判断が難しいこともあります）。
　⑶は、完成していない仕事の目的物が本人の責任外の理由
で壊れたりした場合に、それまでの仕事の分のお金をもらえ
ればそれは労務の対価として給与、もらえなければ請負の対
価として事業・雑ということです。
　⑷は、材料や用具などを支給されていれば給与、自分で用
意すれば事業・雑ということです。

【参　考】限定列挙の所得、概念・例示の所得
　所得税の取扱いは所得区分に始まるといわれますが、
担税力に配慮して制度化されている所得税においては当
然のことです。しかし、言うは易く行うは難し、で実務
となるとどの所得なのか分からなくなる場合が時々出て
きます。こうしたときには所得税法や所得税基本通達な
どを手掛かりに判断することになるのですが、所得税法
第23条から第35条を見てみると、各種所得の定義には限
定列挙のものと概念・例示のものがあることに気が付き

ます。

　限定列挙されているものについては判断が簡単です。これにズバリ当てはまればその所得ということになりますし、当てはまらなければ他の所得ということになるからです。ここでは、限定列挙されている所得と概念・例示の所得を分けてみたいと思います。

①　限定列挙の所得

　(イ)　利子所得（所得税法第23条）

　　　「公社債及び預貯金の利子並びに合同運用信託、公社債投資信託及び公募公社債等運用投資信託の収益の分配に係る所得」と規定されています。したがって、金融機関が関与しない役員借入金の利子などについては利子所得ではないということになります。

　(ロ)　配当所得（所得税法第24条）

　　　「法人から受ける剰余金の配当、利益の配当、剰余金の分配、投資信託及び投資法人に関する法律第百三十七条の金銭の分配、基金利息並びに投資信託及び特定受益証券発行信託の収益の分配に係る所得」と規定されています。したがって、法人において利益が発生したことが大前提となっており、利益の発生にかかわらず法人から収入するものについては配当所得ではないということになります。

　(ハ)　不動産所得（所得税法第26条）

　　　「不動産、不動産の上に存する権利、船舶又は航空機の**貸付け**による所得（事業所得又は譲渡所得に該当するものを除く。）」と規定されています。したがって、これらの貸付け以外のものについては不動

産所得ではないということになります。

　㈡　山林所得（所得税法第32条）

　　　所得税法第32条第1項において「山林の伐採又は譲渡による所得」と規定されており、さらに第2項において「山林をその取得の日以後五年以内に伐採し又は譲渡することによる所得は、山林所得に含まれないものとする」とされています。したがって、これらに該当しないものについては山林所得ではないことになります。

　㈤　公的年金等に係る雑所得（所得税法第35条）

　　　所得税法第35条第3項において「国民年金法、厚生年金保険法、国家公務員共済組合法、地方公務員等共済組合法などの制度に基づく年金」というように細かく規定されています。したがって、これら以外のものについては公的年金等に係る雑所得ではないということになります。

②　概念・例示の所得

　㈠　事業所得（所得税法第27条）

　　　「農業、漁業、製造業、卸売業、小売業、サービス業その他の事業で政令で定めるものから生ずる所得（山林所得又は譲渡所得に該当するものを除く。）」と規定されています。

　㈡　給与所得（所得税法第28条）

　　　「俸給、給料、賃金、歳費及び賞与並びにこれらの性質を有する給与に係る所得」と規定されています。

　㈢　退職所得（所得税法第30条）

　　　「退職手当、一時恩給その他の退職により一時に

受ける給与及びこれらの性質を有する給与に係る所得」と規定されています。ただし、この所得については類似のものが極めて少ないため、限りなく限定列挙に近いといえるかもしれません。

　㈢　譲渡所得（所得税法第33条）

　　　所得税法第33条第1項において「資産の譲渡による所得」と規定されており、第2項において「たな卸資産の譲渡その他営利を目的として継続的に行なわれる資産の譲渡による所得」と「山林の伐採又は譲渡による所得」は除外されています。とても対象範囲が広い所得といえるでしょう。

　㈣　一時所得（所得税法第34条）

　　　「利子所得、配当所得、不動産所得、事業所得、給与所得、退職所得、山林所得及び譲渡所得以外の所得のうち、営利を目的とする継続的行為から生じた所得以外の一時の所得で労務その他の役務又は資産の譲渡の対価としての性質を有しないもの」と規定されています。

　㈤　公的年金等以外の雑所得（所得税法第35条）

　　　「利子所得、配当所得、不動産所得、事業所得、給与所得、退職所得、山林所得、譲渡所得及び一時所得のいずれにも該当しない所得」と規定されており、この表現を使用することにより包括的所得概念における所得を漏らさず網羅することになります。

②　どの所得の支出なのかを判定する

　ある支出がどの所得の必要経費になるのか、それとも家事費

として所得税の計算には関係させないのかという判断に悩む事例にしばしば出くわします。この場合、まず、**その支出はどの所得の収入金額を得るのに役立っているのか**を考えることになります。

　これが、利子所得を得るための支出だとしましょう。すると、利子所得には必要経費が一切認められていないため、家事費として所得税の計算には関係させないことになります。また、交通事故でけがをした場合の弁護士費用はどうでしょうか？この弁護士費用で弁護士の先生に頑張ってもらうことにより賠償金を得られたとしましょう。すると、この賠償金は収入ではありますが、非課税所得となるものです。非課税所得にヒモがつく支出となりますから、家事費として所得税の計算には関係させないことになります。

　ここで気を付けたいことは、会計事務所のお客様である納税者にとって有利に事を進めようとするあまり、主観的な判断により該当する所得区分や非課税を決め込んでしまうことです。その時はよくても、後で修正となった場合にはお客様に迷惑がかかりますから、通達などの取扱い規定や過去の事例などを参考に、**後から説明できるような処理**を心掛けたいものです。

## 2　所得税法第36条と第37条〜収入金額と必要経費の認識・測定

　所得というものを計算する場合に収入金額と必要経費の認識と測定については避けて通ることができません。ここでは、所得税の収入金額と必要経費がどのように取り扱われているのかを確認します。

　所得税の処理を行う際、いわゆるグレーゾーンの取引に出くわすことがしばしばありますが、こういった変化球が投げられてきたときにそれを打ち返すためのコツの1つは、**所得税法における収入金額と必要経費がどのように規定されているか**ということを深く理解することです。

　なぜなら、所得税の課税標準はその年分の収入金額からその年分の必要経費を控除した金額とされているからです。**これらをどの程度身に着けるかということは税務調査における主張の説得力にかかわってくることでしょう。**

　所得税は期間を設けてその期間内に発生したもうけ（＝所得）の一部を納める租税ですが、しばしば問題となるのは「いつの収入金額」「いつの必要経費」ということではないでしょうか。会計において「いつの」という時間的帰属を確定させることを**「認識」**といいますが、まず、所得税法における収入金額・必要経費の認識について確認しておくことにします。

　所得税法における収入金額・必要経費の認識については、法人税と同じく**権利確定主義・費用収益対応の原則**（企業会計でいう発生主義会計と基本的に同様の考え方）を採っています。つまり、最初に収入金額の帰属年を決め、それとの対応の仕方に応じて必要経費の帰属年を決めているのです。

　また、会計において「いくらの」という金額を確定させることを

「測定」といいますが、こちらも合わせて条文で確認しておきましょう。

① 所得税法第36条
所得税法第36条は収入金額の通則です。

> （収入金額）
> **第三十六条** その年分の各種所得の金額の計算上収入金額とすべき金額又は総収入金額に算入すべき金額は、別段の定めがあるものを除き、その年において収入すべき金額（金銭以外の物又は権利その他経済的な利益をもつて収入する場合には、その金銭以外の物又は権利その他経済的な利益の価額）とする。
>
> 2 前項の金銭以外の物又は権利その他経済的な利益の価額は、当該物若しくは権利を取得し、又は当該利益を享受する時における価額とする。
>
> 3 無記名の公社債の利子、無記名の株式（無記名の公募公社債等運用投資信託以外の公社債等運用投資信託の受益証券及び無記名の社債的受益権に係る受益証券を含む。第百六十九条第二号（分離課税に係る所得税の課税標準）、第二百二十四条第一項及び第二項（利子、配当等の受領者の告知）並びに第二百二十五条第一項及び第二項（支払調書及び支払通知書）において「無記名株式等」という。）の剰余金の配当（第二十四条第一項（配当所得）に規定する剰余金の配当をいう。）又は無記名の貸付信託、投資信託若しくは特定受益証券発行信託の受益証券に係る収益の分配については、その年分の利子所得の金額又は配当所得の金額の計算上収入金額とすべき金額は、

> 第一項の規定にかかわらず、その年において支払を受け
> た金額とする。

(イ) 認識

　所得税法において収入金額は**権利確定主義**により認識する
こととされています。つまり、収入する権利が確定した日に
おいて収入金額を計上することとされているのです。これは
何故でしょうか？

　一言でいうと、**認識する時期の恣意的な操作を排除するた
め**です。現金主義による認識は誰が計算しても同じ金額にな
るということで、測定の客観性には優れますが、恣意的に会
計年度をまたいで集金したり前渡しを受けたりすることに
よって利益操作を簡単に行うことができるという致命的な欠
陥を抱えています。そこで、現金の収受ではなく、行為の実
態を捉えて**請求権などの権利が確定した時点で収入金額を認
識する**こととした訳です。

　例えば、商品を引渡した場合には現金の収受のある、なし
にかかわらず債権が発生しているので、この時点で収入金額
を認識するということになります（引渡基準；継続適用を要
件に出荷基準と検収基準あり）。また、役務の提供について
は仕事が完了した時点で債権が発生するので、この時点で収
入金額を認識することになります（完了基準）。

　逆に、前受金を受ける場合にはその入金時点ではまだ権利
は確定しておらず、途中でキャンセルされた場合などには相
手方に返す必要のあるものということになります。よって、
現金を収受した時点ではまだ収入金額として認識せず、返す
必要のあるもの（つまり、負債）として処理することとなる
ため、所得には含めないのです。

なお、法人税とは異なり、自家消費や農産物の収穫基準、みなし譲渡などの例外を除き無償取引について収入金額に算入する必要はありません。これは、法人は営利を目的とする社団であるため無償の取引をすることはあり得ないという前提があるのに対し、個人は営利目的だけで活動を行う訳ではないことから、生活を脅かさないという前提がある所得税においては無償取引にまで担税力を求めることはできないためなのでしょう。

　以上が第1項の「その年において収入すべき金額」の意味するところです。

---

【重要！】各所得における「権利が確定した日」

　所得税の収入金額は権利確定主義により、現金の決済によらず、権利が確定した日に認識することになっています。この「権利が確定した日」については、各所得によって取扱いが異なっており、原則は次のようになっています。

1．不動産所得
　・　支払日が定められているものについてはその支払日
　・　支払日が定められていないものについては収入した日

2．事業所得・雑所得
　・　棚卸資産の販売についてはその引渡しがあった日
　・　請負についてはその目的物の引渡しがあった日
　・　役務提供については完了した日
　・　金銭の貸付けについては貸付期間満了日又はその年の末日

3．給与所得
・　支給日が定められているものについてはその支給
日
・　支給日が定められていないものについては支給を
受けた日
4．退職所得
・　退職の日
5．山林・譲渡所得
・　資産の引渡しがあった日（選択により契約締結日
とすることもできる）
　事業所得や雑所得は企業会計や法人税とよく似ていま
すが、不動産所得や給与所得においては支払日を決めて
いない場合もありますから、いくぶん柔軟な取扱いに
なっているといえるでしょう。

【考　察】不動産所得や事業所得などについて、未収入
のものも総収入金額に算入しなければならないのって、
法的にどうなの？
　ここまで何度も「所得税は日本国憲法との兼ね合いか
ら納税者の生活を脅かすことができない税目」というこ
とをいっていますが、不動産所得や事業所得などは年末
時点で未収入であっても支払日の到来や引渡しなどの事
実に基づいて総収入金額に算入すべきこととされていま
す。このことは生活を脅かすことにならないのか、とい
う質問を受けることがあります。
　我々職業会計人は発生主義会計に慣れていますからあ
まり疑問に思わないところですが、法律を主として勉強

している人は腑に落ちないところがあるようです。

　このことについては興味深い最高裁判決[5]があります。金融業を営む個人の未収入の金利のうち利息制限法を超える部分（不法所得）が総収入金額に算入されるかどうかが争われたものです。

　判決曰く、「一般に、金銭消費貸借上の利息・損害金債権については、その履行期が到来すれば、現実にはなお未収の状態にあるとしても、旧所得税法第10条１項（現36条１項）にいう『収入すべき金額』にあたるものとして、課税の対象となるべき所得を構成すると解されるが、それは、特段の事情がないかぎり、**収入実現の可能性が高度であると認められる**からであって、これに対し、利息制限法による制限超過の利息・損害金は、その基礎となる約定自体が無効であって、約定の履行期の到来にあっても、利息・損害金債権を生ずるに由なく、貸主は、ただ、借主が、大法廷判決によって確立した法理にもかかわらず、あえて法律の保護を求めることなく、任意の支払を行うかもしれないことを、事実上期待しうるにとどまるのであって、とうてい、**収入実現の蓋然性があるもの**ということはできず、したがって、制限超過の利息・損害金はたとえ約定の履行期が到来しても、なお未収である限り、旧所得税法第10条１項にいう『収入すべき金額』に該当しないものというべきである」だそうです。

　つまり、違法所得（法の保護がない部分）については未収である限り、総収入金額には算入しない旨、判示し

---

5　最高裁昭和46年11月９日判決

たものですが、裏を返すと、合法の所得については**未収であっても収入実現の可能性が高度であり、法の保護によって収入が担保されている**ため、適正な課税方法であるということになります。

　なお、給与所得については12月に働いた分が１月に支給となる場合、この分については翌年の所得となりますが、担税力への配慮から「もらった給与の中から税金を納める」という考え方を採っているため、給料日基準によって認識することになっているようです（未収の取扱いはしない）。

(ロ)　測定

　原則として**時価又は通常得るべき対価相当額**によって計上することとされています（第１項カッコ書き及び第２項）。

　第三者間取引であれば、通常の取引対価が時価又は通常得るべき対価となりますから特にこのことを意識する必要がないのですが、特殊関係者間で行われる取引については、自然な状態で行われる取引ではなく、恣意的に金額を操作することも比較的容易に行うことができることから注意が必要となります。すなわち、時価又は通常得るべき対価相当額とかけ離れた価額で取引が行われた場合にはその取引対価ではなく、時価又は通常得るべき対価相当額によって収入金額を測定することになるのです。これは何故でしょうか？

　通常の取引は第三者間取引であり、お互いの利害が対立する関係間で行われています。つまり、自身と取引相手の関係は利害が対立します。このような関係間で行われる取引というのは恣意性が排除されており、自然発生的な取引と考えられるのです。

これに対し、特殊関係者間取引については、自身と取引相手の利害は一致している場合がほとんどでしょう。このような取引においては**自身と取引相手の利害は一致し、自身と税務当局及び取引相手と税務当局の利害は対立します**。つまり、自身と取引相手が手を取り合って税務当局に不利な、いわゆるお手盛りの取引とすることができてしまうのです。

　このような取引をそのまま認めていたのでは、特殊関係者間取引がある納税者とない納税者の間での課税の公平を図ることができなくなるため、このような取引については時価又は通常得るべき対価相当額によって処理することになるのです。

(ハ)　別段の定め

　収入金額を平たくいうと、「所得税の課税対象となる収益」ということになるのですが、様々な理由から「別段の定め」を置いて例外的な取扱いをするものもあります。

　例えば、遺族年金や給与所得者の通勤手当その他の経費補てん収入、心身や資産に加えられた損害等に基因する保険金や損害賠償金、相続や個人からの贈与により取得するもの、固定資産の取得に充てるための国庫補助金などが挙げられます。

(ニ)　グレーゾーン取引を考えるときの方向性

　収入金額は権利確定主義により認識されるので、請求権などといった目に見えない権利なども含め、経済的価値が本当に獲得されているのかどうかを考えた上で、所得区分ごとに定められた「権利が確定した日」がいつなのかを考えます。

　この収入金額の計上時期は原価の必要経費計上時期（後述）にも密接につながることになるため、慎重に判断しなければならないこともあります。

② 所得税法第37条

所得税法第37条は必要経費の通則です。

---

（必要経費）

**第三十七条**　その年分の不動産所得の金額、事業所得の金
額又は雑所得の金額（事業所得の金額及び雑所得の金額
のうち山林の伐採又は譲渡に係るもの並びに雑所得の金
額のうち第三十五条第三項（公的年金等の定義）に規定
する公的年金等に係るものを除く。）の計算上必要経費
に算入すべき金額は、別段の定めがあるものを除き、こ
れらの所得の総収入金額に係る売上原価その他当該総収
入金額を得るため直接に要した費用の額及びその年にお
ける販売費、一般管理費その他これらの所得を生ずべき
業務について生じた費用（償却費以外の費用でその年に
おいて債務の確定しないものを除く。）の額とする。

**2**　山林につきその年分の事業所得の金額、山林所得の金
額又は雑所得の金額の計算上必要経費に算入すべき金額
は、別段の定めがあるものを除き、その山林の植林費、
取得に要した費用、管理費、伐採費その他その山林の育
成又は譲渡に要した費用（償却費以外の費用でその年に
おいて債務の確定しないものを除く。）の額とする。

---

(イ)　必要経費って、何？

確定申告の時期になると、新規の個人事業者のお客様が来
られて「領収書は取ってあるけど、どこまでが必要経費なの
か分からないんですよね。」などという会話がしばしば取り
交わされます。必要経費は上記の第37条のように規定されて
いるのですが、個別具体的なことになるとどこまでが…とい

うのはとても分かりにくい場合も少なくありません。

　そこで、上記の条文を細かくひも解いていくことにします。

㈠　必要経費をどのように規定しているのか？

　必要経費は所得を少なくする要因となるものですから、支出したものは**何でも必要経費として認められる訳ではありません**。必要経費として認められるための一般的な要件をまとめてみると、１．**事業との関連性が明らかで**、２．**その経済的な費消や損失が実際に発生しており**、３．**収益と個別的又は期間的な関係があり**、４．**租税回避目的でない（通常あり得る自然な取引である）**こと、といえるでしょう。

・　事業との関連性

　必要経費の認識については、収入金額と個別的対応関係にあるものと期間的対応関係にあるものに分けられます（**費用収益対応の原則**）。その中で**特に注意が必要となるのは期間的対応関係にあるのかどうかということです**。

・　個別的対応関係

　まず、収入金額と個別的対応関係にあるものとは、売上と売上原価、譲渡収入と取得費などのように、「この支出がなければこの収入自体、有り得ない」というような強い対応関係にあるものをいいます。例えば、70円で仕入れてきたリンゴを100円で売ったとすると、この70円の支出がなければ売上が立ちませんね。この場合の70円は100円の収入と個別に対応しますから、全額必要経費となります。

　個別的対応関係にある必要経費の主な特徴としては、１．家事関連費（必要経費と家事費が混在する支出）にはなり得ず、必ず全額必要経費となること、２．**収入金額が認識されたときに必要経費となり、それまでは資産として繰り延べられること**、の２つが挙げられます。

・　期間的対応関係

　次に収入金額と期間的対応関係にあるものとは、収入金額との間に個別的対応関係ほど強い対応関係にはないけれども、収入の獲得に貢献していることは明らかなものをいいます。例えば、小売店舗でいえば従業員さんの給与や水道光熱費、レジのリース料、店舗の火災保険料、事務用品費などがこれに当たります。

　どれも店舗の経営には不可欠なものですが、どの売上と対応するのかということは個別には分かりません。ですから、売上が発生した期間（つまり、当年）において発生したものだけを必要経費として認識することになります。減価償却費や前払費用の必要経費繰延を考えるとよく分かると思います。

　こういった経費についてはどこまでが必要経費でどこまでが家事費なのかが分かりにくい場合がよくあります。

　このような支出についてはものさしを用意しておくとグレーゾーン取引にある程度対応できるのではないでしょうか？

・　必要経費と家事費の境界を指し示すものさし

　そのものさしとは…。「**もし、その事業を行っていなかったとすれば、なされなかったであろう支出かどうか**」ということです。

　私の事務所は自宅とは全く別のところにあり、毎日そこに通勤して仕事をしています。この事務所は私が税理士業を営んでいなければ存在しないはずのものです。したがって、この事務所について行われる支出はこの事業をやっているからこそ発生するものですから、100％必要経費ということになるのです。

例えば、事務所に係る建物及び敷地の固定資産税、建物の減価償却費、町会費、近所の方々との交際費などがこれに当たります。

　また、私の事務所の応接間の１つは半分趣味の部屋と化しており、地元のプロバスケットボールチームのポスターやグッズであふれています。このポスターやグッズなどはあくまで趣味のものを事務所に飾っているだけなので、これらの代金は事業をやっていてもやっていなくても支出されます。私の事務所がスポーツ店やバスケット関係の事務所であればともかく、税理士事務所をやっているからこそ出てきた支出とはいえませんので、こういったものについては家事費として必要経費にはなりません。

　さらに、よく出てくる例として香典について考えてみましょう。お客様への香典は個人事業者として取引頂いているからこそ出てくる訳で、事業をやっていなければつき合いさえなかったかもしれません。こういった支出については「もし、その事業を行っていなかったとすれば、なされなかった支出」ですから、必要経費となるのです。これに対し、親族への香典については、事業をしていなくても支出する訳です。このように、**事業をしていてもしていなくても支出されるものは必要経費性に乏しい**といえます。

　全てがこれにきれいに当てはまる訳ではありませんが、グレーゾーン取引を処理する際には是非このものさしを活用したいものです。私はお客様に対する必要経費の範囲の説明や税務調査における説明でもこのものさしは多用しています。

・　測定
　原則として支出額に基づいて測定することになります。

ただし、特殊関係者間取引など利害関係が一致する者同士
での取引については、自然な状態で行われる取引ではなく、
恣意的に金額を操作することも容易に行うことができるこ
とから、時価又は通常支払うべき対価相当額によって計上
することとなります。また、減価償却費や貸倒引当金など
見積計上となるものもあります。

・　損失の原則必要経費不算入

　所得税も法人税も課税期間を設定し、その期間内に発生
した「もうけ」の一部を納めることに変わりありません。
しかし、その課税方法については実に多くの違いが認めら
れます。その大きな違いの１つとして損失の取扱いが挙げ
られます。

　法人税は法人税法第22条第３項第三号において損失の額
は原則損金算入とされていますが、所得税法第37条には損
失についての記載がありません。ということは、所得税に
おいて損失は原則必要経費不算入ということになり、資産
損失の必要経費算入や雑損控除など限定列挙の形で取扱い
を規定しているのです。

　これは、法人の損失は法人の性質上、益金の獲得に関連
して生じると考えられることや決算確定主義とのからみか
ら原則損金算入とされているところ、個人の損失は通常の
生活を営む上で発生するものも多いため（例えば、お金を
落としたとか、車をぶつけたなど）、原則必要経費算入に
すると収集がつかなくなるので、原則必要経費不算入とさ
れているのです。

【参　考】「その年において債務の確定しないもの」に
ついて

所得税法第37条第1項及び第2項のカッコ書きに「償却費以外の費用でその年において債務の確定しないものを除く」とあります。つまり、販売費及び一般管理費などの費用は必要経費だけれども、償却費以外のものでその年において債務確定しないものはその年分の必要経費の額には算入しない、ということをいっている訳です。

　ここでいう債務の確定とは具体的にどのようなことをいうのでしょうか？所得税基本通達37-2では次の3要件を挙げ、全てに該当することを要求しています。

(1)　その年12月31日（年の中途において死亡又は出国をした場合には、その死亡又は出国の時。以下同じ）までに当該費用に係る債務が成立していること。

(2)　その年12月31日までに当該債務に基づいて具体的な給付をすべき原因となる事実が発生していること。

(3)　その年12月31日までにその金額を合理的に算定することができるものであること。

　例えば、事業所が入居しているマンションの修繕積立金について、全く修繕が行われていないにもかかわらず修繕費として経費処理した場合や、同業者団体の旅行積立金について、旅行が実際に行われていない段階で必要経費として処理した場合などはこれに引っかかってくる訳です。

　なお、このカッコ書きはあくまで「その年における販売費、一般管理費その他これらの所得を生ずべき業務について生じた費用」の部分だけに係るものであり、

「これらの所得の総収入金額に係る売上原価その他当該総収入金額を得るため直接に要した費用の額」には関係ありません。

## 3 「メシの種所得」の秘密

いきなりですが、次の所得の共通点を考えてみましょう。

1．事業的規模の不動産所得、2．事業所得、3．給与所得、4．事業的規模の山林所得、5．公的年金等に係る雑所得

皆さんお気づきの通り、これらの所得は生活の糧になる所得であり、いわば、「メシの種所得」なのです。

さて、所得税は納税者の生活を脅かしてはならないという前提があるのですが、これらメシの種所得については殊にその特徴が色濃く出ています。例として、事業的規模の不動産所得における次の5つの有利な取扱いを見てみましょう。

① 55万円or65万円の青色申告特別控除が適用可能⇒事業所得にも適用あり

　　正規の簿記の原則に基づく記帳を行っている場合、期限内申告を要件に青色申告特別控除額の10万円が55万円（電子申告又は電子帳簿保存の場合には65万円）になります。

② 青色事業専従者給与or専従者控除の必要経費算入OK⇒事業所得にも適用あり

　　生計を一にする親族に対して支払う対価の額は必要経費に算入しないことになっていますが、専ら納税者の営む事業に従事する人に対して支払う対価については青色申告の場合には届出により支払額相当額を、白色申告の場合には1人につき50万円（配偶者の場合は86万円）と控除前所得を専従者の人数プラス1で割った金額のいずれか少ない方の額を必要経費に算入することができます。

③　資産損失の全額必要経費算入OK⇒事業所得、事業的規模の山林所得にも適用あり

　　事業供用している固定資産の取り壊し、除却、滅失などによる損失があった場合、その損失の金額は全額必要経費に算入されるため、これにより所得がマイナスとなった場合には損益通算することができます（場合によっては純損失の繰越控除も）。

　　これに対し、事業的規模以外であればこの損失の金額は控除前の所得金額を限度として必要経費算入となるため、これにより所得がマイナスになることはありません。

④　回収不能債権の貸倒損失の全額必要経費算入OK⇒事業所得、事業的規模の山林所得にも適用あり

　　滞納家賃などの債権のうち回収不能として一定の要件を満たすものについてはその要件を満たすこととなる年において全額必要経費算入が可能です。

　　これに対し、事業的規模以外の場合には回収不能額を発生年にさかのぼって更正の請求を行うことになります。この場合、不動産所得が当初申告においてマイナスの場合には「なかったものとみなされる所得」が認められず、更正の請求はできません。

⑤　延納に係る利子税の必要経費算入OK⇒事業所得、事業的規模の山林所得にも適用あり

　　所得税の納付については申告期限（振替納税の場合には振替日、以下同じ）において一括納付するのが原則ですが、申告期限までに納税額の半額以上を納め、残りは5月31日に納めることができます。これが所得税の延納制度です。

　　この延納制度を利用した場合、3月16日から5月31日までの

期間について利子税が課されます。もっとも、最近では利子税特例基準割合が極めて低いものとなっている（2021年においては1.0％）ため、延納額がまとまった額（2020年分所得税においては480,000円以上）にならないと課されてこないのですが、これが課された場合、納めた延納利子税のうち事業的規模の所得に係る部分の金額はその所得の必要経費に算入することになります。

　なお、納めた延納利子税のうち事業的規模の所得に係る部分以外の金額については家事費として必要経費不算入となります。

　いかがでしょうか？どれも事業的規模の所得計算については所得金額が小さくなる方向に制度化されていますね。これは何故でしょうか？この理由を一言でいうと、「メシの種所得だから」となるのです。

　では逆に、事業的規模以外の不動産所得や雑所得においては上記のような取扱いはなく、例えば、業務用資産の取り壊しなどは大きな金額になることが少なくないのですが、これによって所得がマイナスになることを認めない、という姿勢はどうなのかという疑問が湧いてきます。これについての所得税の姿勢はこうです。

　**「事業的規模以外の所得がある人はそれ以外に（給与所得などの）『メシの種所得』がある訳だから、事業的規模以外の所得について優遇しなくても生活は脅かさないでしょ？」**

　私も税理士試験の所得税の勉強をしていた時、同じ所得区分なのに事業的規模かどうかでさらに細かい取扱いを定めているというのが面倒くさくてしょうがありませんでした。しかし、このような法の趣旨を考えると合点がいくのではないでしょうか。

　なお、給与所得や公的年金等に係る雑所得もメシの種所得だけれども、特段の配慮はないじゃないか、という声があるかもしれませ

ん。それらについては、給与所得控除や公的年金等控除の中に織り込まれているのですが、内容が区分されている訳ではありませんから、分かりづらいものとなっています。

## 4　処理にどうしても迷ったら…？？

　所得税は法人税とは異なり、いわゆる人的課税に属する税目なので、実に様々な場合分けがあって広範囲かつ複雑です。このような税の性質から、どうしても各個々人の具体的な取引の一つ一つまで規定を充実させることはできません。したがって、法令や通達を見てもどうしても判断することができないというか、どっちで処理しても正解に見える場合や、どっちで処理しても不正解に見える場合が出てくるのです。

　このように何を見ても正解にたどり着くことができないような取引に出くわした場合、法令解釈によって申告することになるのですが、皆さんはこういった取引についてどのように処理していらっしゃいますか？

　この部分は処理する人や会計事務所の所長先生の考え方や性格によるところが出てくるのですが、納税者不利に取り扱う「無難派」と納税者有利に取り扱う「拡大解釈スレスレ派」に分かれるような気がします。

　あくまでも、どっちともとれるというギリギリの事案に限ってですが、私は納税者有利に取り扱うことにしています。理由は次の通りです。

　例えば、必要経費になるかどうかギリギリの支出があったとします。これについては、１．必要経費としておいて、申告後に明らかにNGだということになれば修正申告をするという選択肢と、２．必要経費としないで、申告後に明らかに必要経費だということになれば更正の請求を行うという選択肢があります。

　この取引について、申告後に必要経費になるという確証が得られたとしましょう。すると、１．の選択肢においては何もしなくてよ

いですが、2．の選択肢においては、更正の請求の際、これが必要経費だとする立証責任は請求側（納税者側）にありますね。

　これとは逆に、申告後にNGだとして修正申告を求められる場合には、NGだという立証責任は課税側にあります。

　このことから分かる通り、「これは必要経費だ」「これは必要経費ではない」ということの立証責任は当初申告を覆す側に生じるため、私は最後の最後の手段として、お客様にリスク説明の上、納税者有利の取扱いで申告をするのです。

## 5 本章のまとめ

　この複雑で奥が深い所得税を間違いなく、迷いなく処理するために心得ておきたいことを紹介しました。まとめると次のようになります。

① 処理の入り口は所得区分にあるので、判定の順序を決めている

② 支出については、どの所得の収入金額に係るものなのかを判定し、必要経費算入のものについてはその所得の必要経費とする

③ 非課税収入に係る支出は一切必要経費にならない

④ 収入金額と必要経費は認識（いつ）と測定（いくら）の基本を押さえる

⑤ 収入金額の帰属年を決定し、それと個別的対応関係又は期間的対応関係にあるものをその年分の必要経費とする

⑥ 収入金額の帰属年は引き渡し時又は完了時の属する年となる（権利確定主義）が、これは法的に債権が確定するタイミングで認識することにより恣意的な所得操作をできないようにするため

⑦ 同族間取引の場合には収入金額や必要経費の測定について第三者間取引同様とする配慮が必要となる

⑧ 必要経費となるかどうかについては「もし、その事業をやっていなかったとすれば、なされなかったであろう支出かどうか」という強力なものさしを使うこと！

⑨ 損失については原則必要経費不算入で、いくつかの損失については限定列挙で別段の定めが設けられている

⑩ メシの種所得には特段の配慮がなされているが、それ以外の

所得については特にそのようなものはない

⑪　処理にどうしても困ったら、どちらに転んでもおかしくない
　　と思われるものに限り、お客様に説明の上、納税者有利の処理
　　をする

# 所得税の処理で分かりにくいところを根本から押さえる

この章は所得税の各論です。我々は普段、「こう規定されているからこう処理する」ということで所得税の処理を行っていますが、では、何故そのように規定されているのでしょうか?

　これが税法の趣旨に他なりません。

　ここでは、アラカルト的に様々な事柄について税法の趣旨に迫ります。

## 1 　青色事業専従者給与の正当性をこう考える

　青色事業専従者給与の額について税務調査で高すぎると指摘を受けることがあります。この場合、高い・安いの指摘ですからその立証責任は課税側にあるのですが、課税側は申告データという公表されていない資料を持っていますから、場合によっては納税者側が苦しくなることもあります。このように、課税側で立証責任を果たされた場合、納税者側に打つ手がごく限られてしまうものについては先手を打って、そのような指摘を受けないように当初申告の際に気を付けるのが早道です。

　さて、青色事業専従者給与が高すぎるといわれないための措置について見ていく訳ですが、その前に青色事業専従者給与が何故認められているのかという、根幹のところから確認していきましょう。

① 　生計を一にする親族に対して支払う対価の取扱い

　　我が国の所得税は課税単位を夫婦や家族などの消費単位ではなく個人とした上で超過累進税率を採用しています。超過累進税率は課税所得が大きくなればなるほど適用税率も大きくなるため、なるべく各年の課税所得を低く抑えようと考える人が出てきます。この各年の課税所得を低く抑えるための方法としては大きく分けて、1．所得をいくつかの年で均（なら）す、2．所得を同一消費単位である家族で均す、3．税負担が小さくなる措置の適用を受ける、の3つがあります。

　　これらのうち2．の手段として、生計を一にする親族に対する対価を支払い、それを必要経費とすることで事業主から家族への所得の移転を図り、家族全体の税負担を小さくすることが考えられます。我が国では個人を課税単位としているためこれ

でよいのではないかとも思えるところですが、戦前の家族単位課税の名残りがあるのでしょうか、これを良しとしませんでした。

　そこで、所得税法第56条において生計を一にする親族に支払う対価の原則必要経費不算入が規定されているのです。

---

【参　考】所得税法第56条

（事業から対価を受ける親族がある場合の必要経費の特例）

**第五十六条**　居住者と生計を一にする配偶者その他の親族がその居住者の営む不動産所得、事業所得又は山林所得を生ずべき事業に従事したことその他の事由により当該事業から対価の支払を受ける場合には、その対価に相当する金額は、その居住者の当該事業に係る不動産所得の金額、事業所得の金額又は山林所得の金額の計算上、必要経費に算入しないものとし、かつ、その親族のその対価に係る各種所得の金額の計算上必要経費に算入されるべき金額は、その居住者の当該事業に係る不動産所得の金額、事業所得の金額又は山林所得の金額の計算上、必要経費に算入する。

　この場合において、その親族が支払を受けた対価の額及びその親族のその対価に係る各種所得の金額の計算上必要経費に算入されるべき金額は、当該各種所得の金額の計算上ないものとみなす。

（※）筆者改行。

---

　この第56条もなかなか難解な条文ですが、何をいっているのかを確認します。この条文は2文から成っているのですが、第1文は前半と後半に分かれますから、3つのパートに分けて見

ていきましょう。

　なお、分かりやすくするために、床屋を営む息子（事業者）が父の所有する建物と敷地を借りて家賃を年24万円支払っており、父はこの建物及び敷地の固定資産税を年8万円支払っている場合で解説します。

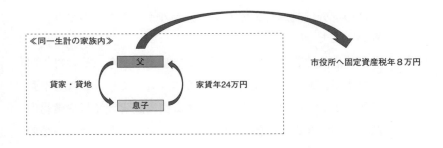

(イ)　第1文前半

　「居住者」を息子、「居住者と生計を一にする配偶者その他の親族」を父として今回の事例を読み替えると次のようになります。

　息子と生計を一にする父がその息子の営む事業所得を生ずべき事業に建物及び敷地を貸し付けたことにより当該事業から家賃の支払を受ける場合には、その家賃に相当する金額（24万円）は、その息子の当該事業に係る事業所得の金額の計算上、必要経費に算入しないものとし～

　この部分では、生計を一にする親族に事業に係る対価を支払った場合には、その支払った金額は支払者の必要経費には算入しないことをいっています。この対価というのは、今回のような地代家賃、貸付金の利子、機械や車両、備品などのリース料など全てが含まれますが、「事業」に関するものについての規定なので、事業的規模以外のものについて生ずる

ものについてはこの限りではありません。

（ロ） 第1文後半

　　続いて第1文後半の読み替えです。

　　父のその家賃に係る不動産所得の金額の計算上必要経費に算入されるべき金額（固定資産税の8万円）は、息子の当該事業に係る事業所得の金額の計算上、必要経費に算入する。

　　この部分は読み替えてもよく分かりませんね。つまり、こういうことです。

　　父は店舗建物及び敷地を貸している訳だから、その対価収入は本来、父の不動産所得となるべきものです。これを不動産所得として所得の金額を計算する際、**固定資産税や建物の減価償却費などの必要経費**が出てきますが、これは父の必要経費ではなく、**息子の事業所得の必要経費**になるのです。

（ハ） 第2文

　　最後に第2文の読み替えです。

　　この場合において、父が支払を受けた家賃の額（24万円）及び父のその家賃に係る不動産所得の金額の計算上必要経費に算入されるべき金額（8万円）は、当該不動産所得の金額の計算上ないものとみなす。

　　第1文までだけだと父の固定資産税や減価償却費などといった必要経費が父の不動産所得と息子の事業所得においてダブルで控除することになりますから、その必要経費を父の不動産所得から外すとともに、父の不動産所得の収入金額もないものとみなすとしたのです。

　　これにより、1．生計を一にする親族に対する事業に係る対価は支払い側では必要経費不算入、受取側では収入金額不算入とする、2．受取側に発生した外に出ていく必要経費は支払い側の必要経費とする、ということになるのです。

個人を課税単位とした上で超過累進税率を採用している関係で、所得を家族に水平に均すことで高い税率の適用を回避することを認めないというのは分かるのですが、何か、戦前の戸主を納税義務者とする家族単位課税に似ていると思いませんか？

② 事業に専従する同一生計親族に対する逆不公平

ここまでで事業に係る同一生計親族に支払う対価が必要経費に算入されないことのロジックは理解できたと思います。しかし、これを忠実に実行すると逆に同一生計だからこそ不利益を受ける場合もあります。これも前述の床屋さんを例に取って考えてみましょう。

この床屋さんは息子、息子の奥さん、従業員（他人）の3人で切り盛りしています。3人とも理容師で、特に奥さんと従業員は全く同じ仕事で、同じ時間働いています。従業員さんには当然に給与が支払われる訳ですが、これについては必要経費算入です。では、この従業員さんと全く同じ時間同じ働きをしている奥さんに給与を支払っても必要経費にはならないのでしょうか？

所得税法第56条の規定だけだとこの奥さんに対する給与は労務の対価に当たりますから、息子の事業所得の必要経費不算入で、奥さんの給与所得の収入金額もないものとみなされることになります。この取扱いによると、対価としての実質が家族と従業員を比較して全く同じものであるにもかかわらず、ただ支払い相手が同一生計親族だからという理由だけで必要経費不算入とすることになります。これでは、税法が家族従業員と一致協力して堅実な経営を行おうとする事業主の足を引っ張ることになってしまいます。

そこで、専ら同一生計の事業主の事業に従事する家族従業員については、１．青色申告の場合には青色事業専従者給与の届出とその届出の内容順守を要件に支払額を事業主の必要経費、かつ、受給者の給与収入とすることを認め、２．白色申告の場合には選択により、１人につき「50万円（配偶者の場合は86万円）」と「控除前所得を専従者の人数プラス１で割った金額」のいずれか少ない方の額を必要経費、かつ、その専従者に係る必要経費算入額を専従者の給与収入とみなすことにしたのです。

---

【参　考】青色事業専従者給与と専従者控除について

１．青色事業専従者給与

　年末時点で15歳以上の事業に専従する（※）同一生計親族に対して給与を支払うことにつき、「**青色事業専従者給与に関する届出書**」を適用年の３月15日まで（１月16日以降に事業を開始した場合や新たに青色事業専従者を設けた場合にはそれらの日から２か月以内）に税務署長に届け出る必要があります。

　この届出書の主な記載事項は、青色事業専従者の氏名、職務の内容、給与の金額、支給期、昇給の基準、他の従業員に対する給与の支給状況などで、この届出の金額の範囲内で記載通りの方法で支払われたものに限り、支払った年の必要経費に算入されます。この場合、法人の役員報酬とは異なり、定額にする必要はありませんし、賞与を必要経費とすることもできます。

　なお、青色事業専従者給与の支払いを受けた場合、その受けた年においては合計所得金額が48万円以下であってもいずれの納税者の同一生計配偶者や扶養親族にもなることができません。

（※）専従する…その年を通じて6月を超える期間（年の中途で新規開業した場合や結婚により年の中途で同一生計親族に該当しなくなった場合など一定の場合には事業に従事することができる期間の2分の1を超える期間）、その青色申告者の営む事業に専ら従事していること

2．専従者控除

年末時点で15歳以上の事業に専従する（※※）同一生計親族がいる場合、1人につき「50万円（配偶者の場合は86万円）」と「控除前所得を専従者の人数プラス1で割った金額」のいずれか少ない方の額を必要経費に算入することができます。

例えば、奥さんと娘が事業に専従しており、専従者控除前の所得が210万円だったとすると、奥さんについては86万円と「210万円÷（2人＋1）＝70万円」のいずれか少ない方の金額（70万円）、娘については50万円「210万円÷（2人＋1）＝70万円」のいずれか少ない方の金額（50万円）の合計120万円が専従者控除額として必要経費に算入され、70万円が奥さんの、50万円が娘のそれぞれ給与収入とみなされることになります。

専従者控除の「控除前所得を専従者の人数プラス1で割った金額」というのは何なのでしょうか？それは、「控除前所得」というのは何なのかが分かれば理解が早いです。

青色申告でも白色申告でもそれぞれの特典である青色事業専従者給与（貸倒引当金も）、専従者控除を控除する前の**「控除前所得」（特前所得ともいいます）は納税**

者の家族全員で稼ぎ出した所得です。これは何人で稼ぎ出した所得ですか？「専従者の人数プラス１人（事業主）」ですね。このことから、**専従者控除額は各専従者について一人当たりの稼得所得を上限としている**のです。

　なお、事業専従者とした場合、その年においては所得金額が48万円以下であってもいずれの納税者の同一生計配偶者や扶養親族にもなることができません。

　なお、専従者控除は申告時の有利選択となっており、専従者控除の対象としなかった親族の合計所得金額が48万円以下であれば配偶者控除や扶養控除の対象となります。

（※※）専従する…その年を通じて６月を超える期間、その申告者の営む事業に専ら従事していること（青色事業専従者給与に認められている「一定の場合」は専従者控除については認められません）

③　青色事業専従者給与の額が問題とされないために

　さて、本題ですが、青色事業専従者給与の額が問題とされないためにはどのような方策があるのでしょうか？

　青色事業専従者給与は家族従業員に対して支払われる労務の対価であり、事前に届け出てあるとはいえ、支給により所得の人的分散が図られ、事業主には低い税率が適用されるとともに、青色事業専従者においては給与所得控除が適用されるため家族全体の税負担が小さくなるのです。このことは所得税的には歓迎されざることなのですが、前述の通り、生計を一にする親族に支払う対価を全て必要経費不算入とすると他人の従業員との不公平が生じてしまうというジレンマから制度化されたという

経緯があります。

　ということは、課税側はこの青色事業専従者給与の必要経費算入額があまりにも大きくなると地域における同業の他事業者の支給状況などのデータを出してきて「過大部分」については否認する場合があるということになります。このようなことにならないためにはどうすればよいのでしょうか？

　それは、「**もし、他人を雇って同じような業務を担ってもらうとしたならいくら出すか**」という考え方で支給額を決めることです。もちろん、青色事業専従者が特定の資格を持っていて、それがなければできない仕事を担っている場合にはそれ相応の上乗せはOKです。そのような理由もなく、ただ、親族だから…などといってしまうと租税回避行為と捉えられても仕方がないでしょう。やはり、**法の趣旨とするところを超えて処理しようとするとどうしても無理が生じてしまいます**。

　青色事業専従者給与に限らず、身内だからこそ、後で説明ができる取引や金額としておきたいものです。

## 2　他の所得とは一線を画す性質をもつ所得ってどれ？

　所得税には10の各種所得が規定されていますが、ただ１つ、毛色の異なる所得があります。それは、**譲渡所得**です。

　みなさん、譲渡所得というとどんなイメージをお持ちでしょうか？対象が幅広い、金額が大きくなる、特例がたくさんある、などどちらかというと難しいというイメージがあるのではないでしょうか。

　私は譲渡所得の難しさの原因を次の３つだと考えています。１．対象となる資産の範囲が広いから、２．所得金額の計算に「今の金額」と「昔の金額」の両方が必要となるから、３．取得から譲渡までの経緯が実に様々で個別性が強いから。

　このように、できることなら避けて通りたい譲渡所得ですが、その趣旨や取扱いの根幹をマスターし、慣れるというところまではいかないまでもロジックが分かってしまえば恐るるに足らず、です。一つ一つ確認していき、得意種目にしてしまいましょう！


①　譲渡所得の特徴
　㈠　譲渡所得を一言で表すと…

　　　譲渡所得を一言で表すと、ズバリ**「所有資産の値上がり益の清算課税」**です。これが譲渡所得を理解するキーワードになります。

　　　資産の中にはその所有期間中に値上がりするものがあります。株のようにすぐに値上がりするものもあれば、数十年の時を経て少しずつ値上がりするものもあります。最近のデフレ経済下では逆に値下がりするものもあるでしょう。

　　　このように、所有資産の値上がり分については、所有中、

含み益となっている時点では課税されないのですが、実現したときに課税を行うこととしたのが譲渡所得です。

つまり、**譲渡所得は「譲渡対価」への課税ではなく、（保有時、未実現利得につき）課税せずに放置してきた「過去の値上がり分」への課税**なのです。この考え方を「清算課税説」といいます。

**【譲渡所得の概念図】**

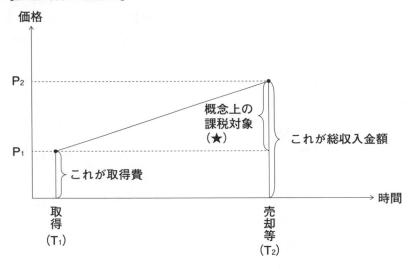

㈹　譲渡所得の基因となる資産の範囲

譲渡所得の基因となる資産は、原則として有形、無形を問わず**経済的価値**があって、**他人に移転可能なもの**全てが対象となります。ただし、次のものは譲渡所得の対象から除かれます。

・　棚卸資産（事業所得又は雑所得になる）

・　単価10万円未満の少額減価償却資産（不動産所得、事業所得、山林所得又は雑所得において全額必要経費にしたも

のを売却した場合には譲渡所得ではなく、必要経費とした所得の総収入金額に算入する）

- 　山林（取得期間5年を超えるものは山林所得、超えないものは事業所得又は雑所得になる）
- 　金銭や金銭債権等（値上がり益が発生しない）

(ハ)　実現（＝課税）のタイミングはいつ？

　　譲渡所得が実現するのは、「**個人からその資産の所有権が離れたとき**」で、**有償・無償を問わないことになっています。**個人からその資産の所有権が離れる原因としては、売買、贈与、負担付贈与、交換、代物弁済、現物出資、離婚に伴う財産分与、相続などがあります（個人への贈与や相続についてはその時点で課税は行われない。詳細は後述にて）。

② 　譲渡所得の種類

　　譲渡所得はもともと、所得税法において総所得金額を構成するものとして規定されていますが、土地及び建物と株式等については租税特別措置法において分離課税とされ、他の所得とは合算せず独自の税率で税額計算を行うことになっています。なお、総所得金額などから控除しきれなかった所得控除額は一定の順序により分離課税の譲渡所得から差し引くことができます。

　　譲渡所得を大きく分けると次の3つになります。

(イ)　土地等及び建物

　　土地等（土地及び借地権その他の土地の上に存する権利など）や建物については総合課税ではなく、政策的な見地から次のように申告分離課税とされています。

- 　短期譲渡所得（譲渡した年の1月1日時点で所有期間が5年以内のもの）…所得税30％、住民税9％⇒合わせて39％

・　長期譲渡所得（譲渡した年の1月1日時点で所有期間が5年超のもの）…所得税15％、住民税5％⇒合わせて20％

　　土地等及び建物の譲渡所得の取扱いにおいて最も注意しなければならないのは短期譲渡と長期譲渡の判断でしょう。この判断は譲渡した年の1月1日にさかのぼって5年を超えるかどうかを判断することになるため、実所有期間が5年を超えていたとしても短期譲渡に該当することになる場合もあります。その場合、20％の課税だと思っていたものが39％の課税となり、およそ2倍の税負担となるため、慎重な判断が求められます。

　　これを避けるためには、「○○年分の所得税においては▲▲年12月31日以前取得分が長期譲渡に該当する」ということを毎年把握し、それに基づいて処理していくとよいでしょう。ちなみに、2021年分の所得税においては、2015年12月31日以前取得分が長期譲渡になります。

㈥　株式等

　　株式等（株式、出資、新株予約権付き社債、証券投資信託の受益権など）の譲渡については投資家個人に記帳の習慣が普及しているとはいえないことから総合課税とはせず、分離課税としてきた経緯があります。

　　特定口座において源泉徴収事務まで可能となった現在においても分離課税とされているのは、いつからか金融所得課税の一体化が叫ばれるようになり、当初とは異なる政策的な理由によるのでしょう。

　　現在、株式等に係る譲渡所得は次のように区分されています。

・　上場株式等に係る譲渡所得等

　　上場株式や店頭登録株、国債・地方債、公募投資信託等

の受益権などについてはこの区分とされ、所得税15%、住民税5％で合わせて20%の税率となります。

　また、上場株式等の配当につき申告分離課税を選択する場合にはこの区分の所得とされ、譲渡損失と通算することができます（この場合、配当控除不可）。公社債や公社債投資信託の利子などについても同様です。

　この区分の所得がマイナスとなった場合、翌年以後3年間繰り越すことはできますが、次の一般株式等に係る譲渡所得等と通算することはできません。

・　一般株式等に係る譲渡所得等

　上場株式等以外の株式等（例えば、同族会社の株式や出資など）についてはこの区分とされ、所得税15%、住民税5％で合わせて20%の税率となります。

(ハ)　その他（総合課税となる）

　上記の2つ以外のもの、例えば車両、機械、絵画・骨董、宝石、工業所有権、ゴルフ会員権（株式形態のものを含む）などは全て**総合課税の譲渡所得**とされ、次の区分により総所得金額に算入されます。税率については、総所得金額に対する税率となるので超過累進税率が適用されます。

・　短期譲渡（その実所有期間が5年以内のもの）…特別控除後の所得金額をそのまま総所得金額に算入する

・　長期譲渡（その実所有期間が5年を超えるもの）…特別控除後の所得金額の**2分の1**を総所得金額に算入する

　総合課税の譲渡所得については50万円の特別控除額が設定されていますが、**短期譲渡と長期譲渡の両方がある場合には、まず、短期譲渡からこの特別控除額を控除します**（2分の1課税となる長期譲渡を残すことになるため、納税者有利）。

③　平準化措置～何故、長期譲渡の税負担は短期譲渡の半分なのか？

　　比較的多額に上る資産を一度に譲渡するのと、同じものを細かく何年かに分けて少しずつ譲渡するのと、どちらの税負担が小さくなるでしょうか？

　　このことは山林所得の５分５乗方式の採用理由にもなっているのですが、少し考えると、超過累進税率を適用する関係で後者の方がトータルの税負担額は小さくなることが分かります。

　　そこで、総合課税の長期譲渡（保有期間５年超）については所得が実現した年の前年以前にも含み益は発生していたであろうことや、何年かに細かく分けて譲渡することも（時間的に）できたであろうという想定から課税ベースを従来の半分にする措置が採られているのです。これを**平準化措置**といいます。

　　なお、土地や家屋の分離譲渡では所得金額ではなく税率で平準化措置を施しており、株式等については頻繁に売買が行われることを想定しているため、短期長期の区分はありません。


④　譲渡所得の金額の計算

　　譲渡所得の金額は全て

---

　　総収入金額－（取得費＋譲渡費用）－各種特別控除額

---

で求められます。

　　各種特別控除額を除いた３つの要素は**「今の金額」**と**「昔の金額」に分かれている**のがお分かり頂けるでしょうか？これが譲渡所得の難しさにつながるのですが、**「総収入金額」**と**「譲渡費用」**は今の金額ですね。ついこの前、買主との間で売買契約を交わし、それに伴って出てきた数字です。これは資料もす

ぐに揃いますし、比較的記憶に新しい部分なので疑問点が出て
きてもすぐに解決することができるでしょう。

　これに対し、「**取得費**」は昔の金額ですね。いつ買ったもの
なのか分からないけれども、その購入などに要した費用がこれ
に当たります。その時の書類が残っていればいいのですが、何
十年も前の契約だと残っていないかもしれませんし、取引自体
が当事者の記憶の彼方に葬り去られているかもしれません。

　では、これらの各要素について一つ一つ見ていきましょう。

(イ)　総収入金額

　原則として譲渡対価の額となります。対価を伴わない場合
や現金以外の資産で対価の支払が行われた場合には、所有権
が離れた時の時価となります（現金以外の資産で対価の支払
が行われた場合には受入資産の時価が、代物弁済の場合には
これにより消滅する債務の額がそれぞれ総収入金額となる）。

(ロ)　取得費

　取得費の構造については、次の要素の合計となっています。

・　資産の取得に要した費用（取得価額）

　実際に発生した譲渡資産の取得対価の他、引取り運送代、
検査代、設置費用などの付随費用も含まれる。

・　設備費・改良費

　譲渡資産を取得した後、設備を新たに追加し、又はその
一部に改良を施した費用も取得費を構成する。

（※）ただし、設備費、改良費ともに物理的又は機能的に
　　　何かを追加することが必要で、**単なる維持管理のた
　　　めの費用や**劣化や災害などに伴う**原状回復費用は取
　　　得費に含まれない**。

　なお、特殊な例として、取得に関して争いがあった場合の
訴訟費用や和解費用、土地の取得目的で建物付土地を取得し

て取得から概ね1年以内に建物を取り壊した場合の取壊費用、資産取得のための借入金の利子で使用開始日前の期間に係る部分などについては取得費算入がOKとされています。

　また、相続により取得した資産を相続税の申告期限から3年経過日までに譲渡した場合には、納付した相続税のうちその譲渡資産に係る部分の金額を取得費に加えることができます。これは、相続税の納税資金を取得した遺産を売却することによって確保しようとする人に対する配慮です。

　また、取得費が分からない場合には、規定上、昭和27年12月31日以前から引き続き保有している資産の取得費については昭和28年1月1日の相続税評価額をもって取得費とすることとなっています。

　しかし、これはやがて70年前となる時期の時価であり、今さら算定もできないことがほとんどであると考えられるため、**譲渡によるその譲渡資産の収入金額の5％を取得費とみなす**という規定が設けられています（租税特別措置法第31条の4第1項）。

　これは取得時期や譲渡資産の種類を問わず、すべての譲渡資産に係る取得費について適用されることになっています（租税特別措置法基本通達31の4－1）。

　ただし、**土石等、借家権、漁業権**などを譲渡した場合には、これらには取得費がないとされているため、**総収入金額の5％を取得費とすることはできません。**

◆ 減価償却資産の取得費

　土地や借地権等、一定の骨董美術品、電話加入権など以外の資産については時間の経過とともにその価値が一定割合で減っていくと考えられます。このような資産を不動産所得、事業所得、山林所得又は雑所得の業務の用に供して

いた場合、その価値が減少した部分を「減価償却費」として必要経費に算入するということは会計のイロハの部分です。

したがって、減価償却費をこれらの所得の必要経費としてきた資産を譲渡した場合、取得価額をそのまま譲渡所得の取得費に算入すると必要経費としてきた減価償却費の分がその所得と譲渡所得でダブル控除となってしまいます。

そこで、減価償却資産の取得費については、譲渡した時点での減価償却後の価額（帳簿価額）とされているのです。

これについては、例えば自宅建物など減価償却費を必要経費に算入することができない資産についても同様で、**その減価償却費は帰属所得に対応する**ものとして考えられているためです（非課税所得に対応する経費は必要経費不算入）。

このため、**減価償却資産については購入対価と同額で譲渡した場合でも減価償却相当額の譲渡所得が発生すること**になるのです。

---

【参　考】所得税法第38条

（譲渡所得の金額の計算上控除する取得費）

第三十八条　譲渡所得の金額の計算上控除する資産の取得費は、別段の定めがあるものを除き、その資産の取得に要した金額並びに設備費及び改良費の額の合計額とする。

2　譲渡所得の基因となる資産が家屋その他使用又は期間の経過により減価する資産である場合には、前項に規定する資産の取得費は、同項に規定する合計額に相当する金額から、その取得の日から譲渡の日

までの期間のうち次の各号に掲げる期間の区分に応じ当該各号に掲げる金額の合計額を控除した金額とする。

一　その資産が不動産所得、事業所得、山林所得又は雑所得を生ずべき業務の用に供されていた期間　第四十九条第一項（減価償却資産の償却費の計算及びその償却の方法）の規定により当該期間内の日の属する各年分の不動産所得の金額、事業所得の金額、山林所得の金額又は雑所得の金額の計算上必要経費に算入されるその資産の償却費の額の累積額

二　前号に掲げる期間以外の期間　第四十九条第一項の規定に準じて政令で定めるところにより計算したその資産の当該期間に係る減価の額

(ハ)　譲渡費用

　譲渡費用はその譲渡資産の購入に要したものではないため、値上がり益に対する清算課税という譲渡所得の趣旨からすると所得計算には関係のないものとすべきなのですが、譲渡のために特別に支出した費用ということで譲渡所得の実現に直接対応しており、**担税力への配慮**という形で控除項目とされています。

　例として、不動産仲介手数料、売買契約書に係る印紙代、アパートの譲渡に際し支払った賃借人への立ち退き料や違約金などが挙げられますが、いずれも「**この譲渡がなかったとしたならば行われなかったであろう支出**」ですから、総収入金額とは個別的対応関係にあるもののみが認められていると考えれば大きな間違いはないでしょう。

このように、取得費と譲渡費用はいずれも譲渡所得の必要
経費といえますが、その意味合いや取扱い（取得費には概算
控除がある）が異なるため、厳密に区分しなければなりませ
ん。

㈡　各種特別控除額

　譲渡所得は経常所得ではなく、たまたまその年に実現した
ものとの考え方から、不労所得とはいえ、事業所得や給与所
得などの勤労所得ほど担税力が強くないのかもしれません。

　特に、居住用の資産の譲渡について通常の課税を行ってし
まうと税がその人の生活を脅かしてしまいますから、一定の
配慮が必要となるでしょう。また、収用やそれに近い譲渡に
ついては、納税者が自らの意思で行ったものではなく、強制
的に値上がり益が実現させられたという面があるため、これ
に対しても一定の配慮が求められるところです。

　他方、土地等や建物、株式等以外の総合課税となるものに
ついては、少額な売買にも細かく全てに課税を行うというこ
とは、効率的な税務行政の執行という見地や国民感情から許
容することができないでしょう。

　こういった事情や政策的な理由から、譲渡所得には各種の
特別控除額が設定されています。主なものは次の通りです。

・　総合譲渡所得の50万円特別控除（短期・長期合わせて50
　万円、少額不追求）
・　収用等の場合の5,000万円特別控除
・　特定土地区画整理事業等の2,000万円特別控除
・　特定住宅地造成事業等の1,500万円特別控除
・　農地保有の合理化等の800万円特別控除
・　居住用財産の3,000万円特別控除
・　特定期間（2009年又は2010年）に取得した土地等の1,000

万円特別控除★

・　低未利用地の100万円特別控除★　　など

　　（★がついているものについては、長期譲渡の場合のみ
　　適用あり）


⑤　譲渡所得の非課税１〜生活用動産の非課税（所得税法第９条
　第１項第九号）

　　次のような生活用動産については非課税とされています。

㈶　生活必需品

㈺　家具（たんす、テレビ、ステレオ、エアコン、パソコンな
　ど）、什器、衣服などで通常生活の用に供されるもの

㈾　生活必需品ではないが、少額なもの…宝石、書画、骨董品
　などで、時価30万円以下のもの


【参　考】生活用動産が原則非課税とされている理由

１．譲渡益が生じても僅少なものとなることが予想され
　るため

２．本来、値上がりを期待して所有されているものでは
　ないため

３．通常は譲渡益が生じないと考えられるため

４．譲渡益が生じたとしても、減価償却制度を適用した
　結果、計算上出てきた所得に過ぎないことが多いと考
　えられるため

５．お金に困って仕方なく生活必需品を売却するという
　こともあることから、そういったものにまで課税する
　のは適当でないため

（※）ただし、売却益が非課税とされるものについて
　　売却損が生じた場合にはその売却損は生じな

かったものとみなす（他の所得との損益通算は
できない）

⑥ 譲渡所得の非課税２〜納税者の資力に配慮した非課税

　(イ)　一定の強制換価手続きによる譲渡（所得税法第９条第１項
　　　第十号）

　　　破産手続によって実現したものについては、破産財団に入
　　れられて債権者に配当されるだけなので納税者自身の手許に
　　所得が残らないため非課税とされています。

　(ロ)　保証債務の履行のために行う譲渡（所得税法第64条第２
　　　項）

　　　保証債務の履行のためにやむを得ず自身の資産を譲渡して
　　充てる場合も上記同様、自身の手許には所得が残らないため
　　非課税とされています。ただし、この規定は譲渡所得の隠れ
　　みのとして使われる可能性があるため、最後の手段としてや
　　むを得ず適用を求める制度とされています。

　　　具体的には、主たる債務者が返済不能に陥り、債権者が保
　　証人に弁済を求め、保証人にも弁済に充てる金銭がないため、
　　やむを得ず所有資産を売却してその債務履行に充てた…とい
　　うストーリーが必要で、これらの順番が違っていると適用は
　　難しくなるでしょう。

⑦ 譲渡所得の非課税３〜国民感情や行動に配慮した非課税

　(イ)　相続、遺贈、生前贈与などによる譲渡（所得税法第９条第
　　　１項第十六号）

　　　これらの譲渡についても所有権が所有者から離れています
　　から、租税法の理論からいうと含み益の清算をすべきなので

すが、それぞれ相続税や贈与税の課税対象となるため、資産を引き継いだ人がこれらの税負担をするのに加え、資産を引き渡した人にまで同時に課税をするのは特に相続時においては国民感情が許さないだろうということから非課税とされています。

　これらについては後述の「取得時期と取得費の引き継ぎ」でカバーされています。

㈠　物納による資産の譲渡（租税特別措置法第40条の３）

　相続税の金銭納付が困難な場合にやむを得ず現物で納税（物納）する場合、その含み益に課税を行うことは納税者の納税意欲にも悪影響を及ぼすため非課税とされています。

㈢　国等への寄付（租税特別措置法第40条第１項）

　国等へ寄附（＝贈与）すること自体が現物による納税のようなものなのに、この譲渡益について再度課税するとその寄付行為を妨げる原因となってしまうため非課税とされています。


⑧　相続や生前贈与の場合

㈠　譲渡所得の抱えるジレンマ

　ここでは一旦、現行制度がどうなっているのかということは忘れ、相続や生前贈与により所有権を手放す際の譲渡所得の取扱いがどうあるべきかを考えてみましょう。つまり、相続、遺贈、生前贈与などの時点で所得が実現したと考えてよいかということです。

　まず、租税理論上の考え方は次のようになるのではないでしょうか。

・　譲渡所得は個人から資産の所有権が離れたことを課税原因とするから、相続、遺贈、生前贈与などの場合であって

もその時点（**認識**）で元の所有者に対して課税すべき
・ その際の譲渡対価（**測定**）については、「**一旦、相続人、受遺者、受贈者に有償譲渡し、その収受した金銭をそのまま彼らにバックしたという行為**」と経済実態は同じであるから、その際に収受されるべき金銭の額、つまり、一般的な第三者間取引として売買される相当な価格（時価）を総収入金額とするのが相当であろう

　これに対し、国民感情と租税政策上の都合を考えると次のような意見もあるでしょう。
・ 相続や遺贈については相続税が、生前贈与については贈与税がそれぞれ資産を引き継いだ側に課される。これについては無償で資産を取得しているのだからその経済的利益に課税をされていると思えばやむを得ないところ。しかし、租税理論がそうだからといって元の所有者に譲渡所得課税を行うというのは一つの所有権移転について２回課税されることになり、酷といえるのではないだろうか
・ 相続、遺贈、生前贈与について元の所有者側に譲渡所得課税を行うこととすると非課税とされていない細かいものにまで課税を行うこととなり、税務行政の執行上、相当の困難を伴う。特に不動産についてはこの時点で課税を行うことにより所有者の意思決定や取引相場などに悪い影響を及ぼすのではないか

　このように、相続、遺贈、生前贈与による譲渡所得の取扱いは租税理論と国民感情の間で非常に大きなジレンマを抱えているのです。実際、戦後のシャウプ勧告後はしばらく、相続等により資産が引き継がれた場合には相続税・贈与税を引

き継いだ側に、譲渡所得による所得税（時価課税）を所有権がなくなった側にそれぞれ（両方に）課していたのですが、その後、あまりにも酷だということで現行制度の取扱いとなったようです。

㈺　現行制度の取り扱い

> 　前述の「国民感情と租税政策上の都合」により、**これらの時点では原則として譲渡所得課税を行わない**。ただし、全く課税を行わない訳にもいかないので、**その資産を引き継いだ人が所有権を手放した時に、その人に対して元の所有者が所有していた時の値上がり益も含めて課税を行う**。

※　具体的にいうと、**資産を無償で引き継いだ人は、元の所有者の「取得時期」と「取得費」をも一緒に引き継ぐ**のです。これを「**課税の繰延**」といいます。

**【相続による課税の繰延】**

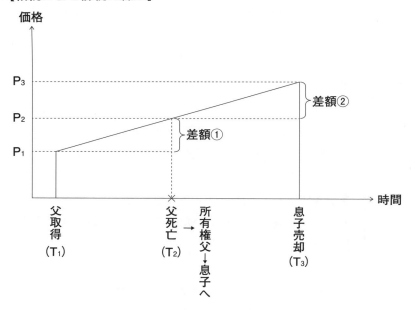

　この図では、父の死亡時（T₂）により資産が父から息子に引き継がれる場合の取扱いが示されています。値上がり益の清算課税としての譲渡所得の性質からは父の死亡時において差額①について父に対し所得税を課すべきですが、国民感情からこの時点では譲渡所得課税を行わず、息子がこの資産を売却したT₃の時点で父が所有していた期間の含み益（差額①）及び息子が所有していた期間の含み益（差額②）について息子に課税するという取扱いとなっています。

　したがって、息子の譲渡時の総収入金額（P₃）から**控除できる取得費はP₂（父の死亡時の時価）ではなく、P₁（父の取得価額）**となります。このことから、息子が父の取得費及び取得時期を引き継いでいることになりますね。

　なお、課税の繰延は買い換えの特例など、他の特別措置で

も使われています。

⑨ みなし譲渡と低額譲渡

（イ） みなし譲渡～課税の繰延措置の例外？

　相続や生前贈与の場合に、相続税・贈与税と譲渡所得の課税が両方行われたら酷だということで、その時点では譲渡所得の課税は行わないけれども、非課税とする訳にはいかないから、その資産を引き継いだ人がその資産を譲渡した時に、前所有者の含み益も含めて課税を行うこと（相続・生前贈与時における課税の繰延）にしたのはよくお分かり頂けたと思います。

　ここで、戦後のシャウプ勧告直後の世界まで頭の中をタイムスリップして頂きます。この当時では、相続や生前贈与があった場合には課税の繰延はなく、前所有者に対して時価による譲渡所得が課税されています。そして、資産を引き継いだ人がその資産を譲渡した場合には、取得時の時価（＝前所有者の総収入金額）を取得費としています。

　このような取扱いとなっている場合には、人はいずれ亡くなるので、相続が発生するごとに譲渡所得の課税が行われることになります。そこで、相続が発生することのない法人に贈与をすれば、その贈与時に一回だけ譲渡所得の課税が行われ、あとは法人がその資産を持ち続けることによって相続時の譲渡所得課税を回避することができるということに気付いた人が現れたのです。

　その後、相続や生前贈与については課税の繰延が認められるようになったのですが、法人に対する贈与については認められず、今でもシャウプ勧告当初の取扱いが続いているのです。ですから、現行の取扱いをみると法人に対する贈与が特

別な取扱いとなっているように思えますが、実は逆で、相続や生前贈与の取扱いが変更となっただけなのです。

　この法人に対する贈与の取扱いを「**みなし譲渡**」といい、時価で譲渡所得の課税が行われます。具体的にいうと、「**時価で譲渡があったものとして元の所有者に対して譲渡所得の課税を行う**」ということです。

　法人に対する贈与は実務では、神社やお寺に土地を寄進するというのが出てくることがあります。神社やお寺は宗教法人なので、そこに対する贈与ということで値上がり益の清算を求められるのです。寄進した側からすると、「寄進したのに、どうして税金までかかってくるんだ！？」となりますが、仕方がありません。

　このような譲渡所得のみなし譲渡が行われるのは次の5つの場合です。

- ・　**法人への贈与**
- ・　**法人への遺贈**
- ・　**法人に対する低額譲渡**
- ・　**限定承認に係る相続**
- ・　**限定承認に係る包括遺贈**

　限定承認は、被相続人の遺産より債務の方が大きい、若しくはどれだけあるか分からないけれども、遺産の中にどうしても引き継ぎたいものがある場合の措置です。相続開始後3か月以内に相続人全員で家庭裁判所に申述を行い、実行されます。相続人はその遺産を引き継ぐと同時に引き継ぐ遺産の時価に相当する債務も引き継ぎます。

　限定承認の際、引き継ぐ債務の額を計算しなければならないのですが、その計算にあたって、限定承認が行われた資産の譲渡所得に係る所得税額も含めることとしたものです。な

お、この場合、「**時価で譲渡があったものとして被相続人に対して譲渡所得の課税を行う**」のに加え、相続人においては「**取得時期と取得費は引き継がない**」ことになります。

(ロ) 低額譲渡～みなし譲渡の回避策への対応

　　譲渡所得の基因となる資産を法人に贈与したら譲渡所得が時価課税されるということで、贈与じゃなければいいんでしょ、とばかりに1円などの極めて低い金額で譲渡することを考える人が出てくるでしょう。こういった極めて低い金額による譲渡は実質的に贈与と変わらないため、**時価の2分の1未満**の対価で譲渡した場合には次のように取り扱うこととされています。

・　法人に対するもの

　　個人が法人に対して低額譲渡した場合には法人への贈与と同様、**みなし譲渡**として時価による譲渡があったものとみなされます。

・　個人に対するもの

　　個人が個人に対して低額譲渡した場合にはその対価により譲渡所得を計算しますが、譲渡損失が生じた場合にはその損失はなかったものとみなされます（時価との差額は贈与による取得として取り扱うので、贈与税の課税対象となる）。⇒課税の繰延べとなり、新所有者は旧所有者の取得時期と取得費を引き継ぐ

⑩　その他の取扱い

・　財産分与

　　離婚に伴う財産分与は「婚姻中に協力して蓄積してきた財産の精算」としての分与義務の履行として行われるため、いわば、代物弁済のような形態として取り扱われます。

代物弁済の場合、総収入金額とすべき金額はその弁済により消滅する債務の価額となるため、分与義務に係る債務の価額に相当する金額により譲渡したものとして取り扱われることとなります。

・　交換（所得税法第58条）

　交換はモノの所有権が異動しているため、当然に譲渡所得の対象となるのですが、交換は金銭の授受がなく担税力に乏しいということや、同等のものを交換前、交換後とも同様に使用した場合にはあえて譲渡と取り扱わなくても課税実体上の弊害は認められないという理由から一定の要件の下に「**譲渡がなかったものとみなす**」ことができる旨の規定があります。

　つまり、課税の繰延が行われることになるため、新所有者は旧所有者の取得時期と取得費を引き継ぐことになります。
（要件）

◆　交換する資産はいずれの所有者も１年以上継続して保有しているものであること

◆　交換のために取得した資産ではないこと

◆　取得資産を譲渡資産と交換直前における同一の用途に供していること

◆　譲渡資産は「土地及びその上に存する一定の権利」「建物及びその附属設備」「機械及び装置」「船舶」「鉱業権」のいずれかに該当すること

◆　譲渡資産と取得資産の時価差額がいずれか大きい方の20％を超えないこと

---

【考　察】所得税において業務用固定資産の減価償却が強制となっていることを譲渡所得の面から考える

---

法人税においては確定決算主義を採っていることも
あって、株主の承認を得た確定決算において減価償却費
を税法上の限度額まで計上しなかった場合、償却不足額
はその事業年度の損金の額に算入されることなく、会計
上の資産として繰り延べられます。これを意図的に行う
ことによって法人の利益や所得金額、ひいては法人税額
をある程度コントロールすることは可能です。

　これに対し、所得税においてはこのように減価償却を
見合わせることができないため、**強制償却**と呼ばれたり
します。何故、所得税においては強制償却となっている
のでしょうか？

　これについては個人と法人では帳簿の継続性に対する
信用が異なるからとかいわれることが多いですが、せっ
かくですから、このことについて譲渡所得からアプロー
チしてみましょう。

　**減価償却資産**については、減価償却費と取得費はウラ
とオモテの関係です。減価償却費を小さく計算するとい
うことは取得費を大きく計算することと同義です。この
ことを念頭に置いて次の事例について考えてみましょう。

　不動産所得者のAさんとBさん。2人とも1億円で全
く同時期に購入したマンション（土地は除く）の賃貸を
しており、この賃貸の所得しかないとしましょう。Aさ
んは常に入居率が9割を超えており、課税所得は毎年約
1,500万円あります。適用税率は33％になります。一方、
Bさんは場所が悪く入居率が極端に低いので、課税所得
が毎年マイナスになり、貯金を取り崩して過ごす生活を
強いられています。

　AさんもBさんもマンションの減価償却費は毎年220

万円になるのですが、Ｂさんは課税所得が毎年マイナスになるのでこの減価償却費を計上したくありません。仮に、ＡさんもＢさんも購入10年経過時に同時にこのマンションを売却した場合、Ｂさんの減価償却の見合わせが認められたらどうなるでしょうか？

Ａさんは毎年減価償却費を必要経費として計上しています。220万円に適用税率33％を掛けると所得税を72万6,000円圧縮する効果があります。そして、購入10年後に譲渡した場合には取得費は7,800万円となっており、ここでは所得税を1,170万円（15％）圧縮する効果があります。これが正当な計算です。

一方、Ｂさんは毎年所得税はゼロです。10年間の減価償却を見合わせることができたとすると、取得費は１億円のままです。これにより所得税は1,500万円（15％）圧縮されます。

このＡさんとＢさんの譲渡所得の取扱いは課税の公平を考えた場合、適正なものといえるでしょうか？同じ時期に同じ価格の建物を購入して同じ時期に売却しているのに、減価償却を見合わせた人は通常年において所得税の圧縮効果が得られなかったはずの減価償却費相当額を全額取得費に振り替えることができてしまうのです。

このことは、不動産所得のマイナスを建物の譲渡所得から差し引くことと同じことですから、本来、損益通算することができないものを強行していることになります。これは、超過累進税率が適用される総所得金額を所得計算の根本と考えている所得税にとって、全く趣旨とは正反対のことを認めることになります。

所得税の各種所得は、収入の原因別に担税力の強さを

考慮して計算することになっていますから、このような
ことがまかり通るようにすると課税の公平を保つことが
できなくなってしまいます。これに対し、法人は所得区
分がありませんし、税率も一定ですから、こういった問
題は特に生じないのです。

　このことからも、所得税が強制償却としている理由を
垣間見ることができますね。

　なお、所得税法第42条において固定資産の取得に充て
るために交付された国庫補助金等は総収入金額不算入で、
取得した固定資産の取得価額からその交付額を差し引い
たものを減価償却費の計算の基礎とする旨、規定されて
います。これは法人税の国庫補助金の圧縮記帳（任意）
に当たりますが、所得税ではこの圧縮記帳も強制となっ
ています。その理由も、通常の減価償却が強制されてい
る理由と同じです。

## 3　どこまでが「生計を一にする」に該当するのか？

　生計を一にする親族に支払う対価のところで説明しましたが、我が国の所得税は個人を課税単位としつつも、戦前の所得税の名残でところどころ、実質的に家単位で取り扱うようになっているところがあります。「生計を一にする～」という表現が出てきたらまさしくそれに当たります。

　この「生計を一にする～」という表現は次のようなところに使われています。

① 生計を一にする親族に支払う対価の取扱い

　　原則、支払側では必要経費不算入で、受領側では収入金額不算入となる。

② 青色事業専従者給与・専従者控除

　　事業に専ら従事する家族従業員の給与支給額（青色の場合）又は一定の計算式によって算定された額（白色の場合）を必要経費に算入する。

③ 雑損控除

　　自己又は合計所得金額が基礎控除額以下の同一生計親族が所有する生活に通常必要な資産について災害・盗難・横領に遭った場合、雑損控除の対象とされる。

④ 医療費控除

　　自己又は同一生計親族に係る医療費を支払った場合、その支払額が医療費控除の対象とされる。

⑤ 社会保険料控除

　　自己又は同一生計親族が負担すべき社会保険料を支払った場合、その支払額が社会保険料控除として所得から控除される。

⑥ 地震保険料控除

自己又は同一生計親族の所有する建物などが保険や共済の目的となっている火災保険の保険料を支払った場合、その保険料のうち地震保険の部分が地震保険料控除として所得から控除される。

⑦　障害者控除

　　自己又は同一生計配偶者若しくは扶養親族が障害者に該当する場合、一定額が障害者控除として所得から控除される。

⑧　寡婦控除

　　自己が寡婦（離婚による寡婦の場合、扶養親族を有することが要件）に該当する場合、27万円が所得から控除される。

⑨　ひとり親控除

　　自己がひとり親（同一生計の子がいることが要件）に該当する場合、35万円が所得から控除される。

⑩　配偶者控除・配偶者特別控除

　　控除対象配偶者を有する場合又は同一生計の配偶者の合計所得金額が133万円以下である場合には一定額が所得から控除される。

⑪　扶養控除

　　控除対象扶養親族を有する場合には一定額が所得から控除される。

　これらの取扱いについては、しばしば、生計を一にしているのかどうかが分かりにくくなる場合があります。これについて、国税庁は「生計を一にする」の意義を次のように説明しています。

　「日常の生活の資を共にすることをいいます。会社員、公務員などが勤務の都合により家族と別居している又は親族が修学、療養などのために別居している場合でも、①生活費、学資金又は療養費などを常に送金しているときや、②日常の起居を共にしていない親族が、勤務、修学等の余暇には他の親族のもとで起居を共にしている

ときは、『生計を一にする』ものとして取り扱われます。」

　この説明でも個別具体的なことになるとよく分からない場面も出てきますので、私は次のように判断しています。

1．同居していれば、まず、「生計を一にする」に該当する（同居していても別生計であることが明らかな場合は該当しないが、レアケース）

2．別居していても学費や療養費などを直接相手方に支払い、又は生活費などと共に定期的に送金（仕送り）していれば「生計を一にする」に該当する

3．仕送りなどをしていなくても、ゴールデンウィークや盆暮れには毎年帰省してきて、同居と同様の暮らしをしていれば「生計を一にする」に該当する

　逆に、「生計を一にする」に該当しないのは、兄弟姉妹や親子であっても結婚などで完全に別所帯となっている場合です。

　また、これらのいずれかにより同一生計親族に該当することになったとしても、控除対象扶養親族になれるかどうかは年齢及び合計所得金額要件があるので別の話となります。

---

【参　考】妻の母は控除対象扶養親族？？

　以前、ウチの事務所のお客様でこういった事案がありました。

　株式会社の社長の奥さんのお母さん、つまり、社長からすれば義母になるのですが、この義母に当たる方が特別養護老人ホームにずっと入っているということが社長との会話の中で出てきました。次いで、その入居費用や療養費は社長が支払っているという話になったのです。

　その義母に当たる人は寡婦で、一人暮らしをしており、収入は遺族年金だけとのことでした。また、身体障害者手帳をお持ちとのことでしたので、ピンときた私はいつからそのような状

況になっているのかを社長に尋ねたところ、10年近く経っていると。

　社長は会社からの給与しか収入がないため、毎年年末調整を行っており、確定申告はしていらっしゃいませんでした。そこで、次のような提案を行ったのです。

　「社長、お義母さんは社長と別居が常態となっていますが、療養費や生活費を社長が負担していらっしゃるから社長の扶養親族に該当します。社長は確定申告をなさっていませんから、今から5年さかのぼって扶養控除と障害者控除をつけて還付申告をしましょう。社長は所得が大きいから返ってくる金額もそれなりに大きくなりますよ。」ということで、5年分の確定申告をしたところ、住民税も合わせて100万円近く税負担が減少し、とても喜んで頂けました。

　ポイントは、生活のモトを共にしているかどうかということとお義母さんの所得金額だったのですが、うまくいったと思います。なお、お義母さんは老人控除対象扶養親族でしたが、同居はしていないので、48万円の控除額でした。

　控除対象扶養親族がいるのに扶養控除を受けていない場合には、このように複数年にわたって還付申告ができるので、同一生計親族の判定がうまくできるようになれば思わぬお役立ちができるかもしれません。

## 4　税込経理と税抜経理

　収益や費用、資産に係る消費税の経理方式については税込経理と税抜経理の2通りがあります。**免税事業者については税込経理しか認められていないため、選択の余地がありませんが、消費税の課税事業者についてはこれら2通りのうちいずれかの選択適用**が認められています。

① 税込経理・税抜経理はどの税目に関する事項なのか？

　税込経理・税抜経理は収益、費用、資産に係る消費税を含める形で損益計算書や貸借対照表に記載するか、含めない形で記載するかの選択となります。つまり、これは**消費税に関する事項ではなく、所得税や法人税といった課税所得の計算に関する事項**なのです。

　一応、建前としては税込経理・税抜経理の違いによって当期純利益に及ぼす影響はないこととされていますが、会計期間を超えて損益に影響を与える棚卸資産と固定資産・繰延資産については、期ズレとはいえ、当期純利益に及ぼす影響があります。

　期末棚卸資産に係る消費税は税込経理の場合には当年の必要経費ではなく翌年以降、販売された年の必要経費に算入されることになり、税抜経理の場合には当年の必要経費に算入される形となります。

　また、固定資産・繰延資産に係る消費税は税込経理の場合には取得価額を構成するため、その消費税分も含めて当年以降の減価償却費が計算されますが、**税抜経理の場合には**取得価額から除外されるため、**取得当初において10％（消費税率）分の特別償却を行ったのと同じ効果があります。**

②　税抜経理の特長

　　税抜経理の特長としては、次のようなものが挙げられます。

㋑　棚卸資産や固定資産・繰延資産に係る消費税が取得年の必要経費に算入される

㋺　少額の減価償却資産や一括償却資産、中小事業者の少額減価償却資産の基準である10万円未満、20万円未満、30万円未満の判定が税抜きで行われるから、税込経理に比べて該当範囲が広い

㋩　固定資産税（償却資産）は税抜きの金額が評価額の基礎となるため、その分、税額が小さくなる

㊁　税率の変更があった場合、期末棚卸資産の計算において仕入れ時期ごとの税率を織り込まなくていいため、ラク

㋭　期中の損益の額が自動的に正しく計算される

㋬　期中、現時点での負担すべき消費税額の概算額が分かる

---

【参　考】控除対象外消費税額等に注意！

　課税売上割合が95％未満の場合やその課税期間における課税売上高が5億円を超える場合には消費税の納付税額の計算上、課税仕入れに係る消費税のうち、仕入税額控除ができない部分が出てきます。この仕入税額控除ができない部分の金額のことを地方消費税も含めて控除対象外消費税額等といいます。

　税抜経理の場合にこの控除対象外消費税額等については、資産に係る控除対象外消費税額等の調整に注意が必要です。以下、この調整の内容です。

　課税売上割合が80％未満となる課税期間において固定資産・繰延資産を取得し、控除対象外消費税額等が生じたときは、その控除対象外消費税額等を60か月で均等償

---

却することにより必要経費に算入します（発生年におい
ては2分の1だけ償却）。

　　ただし、**一の固定資産・繰延資産に係る控除対象外消
費税額等が20万円未満の場合**には通常通り、取得年で全
額必要経費に算入します。

　　これは、先に税抜経理は消費税率の分だけ特別償却を
行ったようなものであると述べましたが、控除すること
ができなかった消費税をそのまま取得年の必要経費に算
入することが税込経理との間で著しく不公平を招くとの
考えによるものです。

　　なお、税抜経理を行っていても**簡易課税の場合には課
税売上割合の概念がないため、この調整は不要**です。

③　税込経理の特長
　(イ)　特別償却の取得価額の基準（例えば、機械及び装置につい
　　ては160万円以上、など）の判定が税込みで行われるから、
　　税抜経理に比べて該当範囲が広い
　(ロ)　設備投資関係の特別税額控除の控除額が消費税の分だけ大
　　きくなる
　(ハ)　納付すべき消費税の必要経費算入時期を選択することがで
　　きる（原則：申告書提出年、例外：発生年）
　(ニ)　控除対象外消費税額等の調整が不要

④　消費税の課税事業者が税込経理を行う場合に気を付けたいこ
と
　　消費税の課税事業者は、税込経理・税抜経理を申請や届出に
よることなく任意に選択することができるのですが、税抜経理

の方がメリットが大きい場合が多いです。

　しかし、やむを得ず消費税の課税事業者でありながら税込経理を行う場合に気を付けたいことがあります。それは、**毎月の消費税負担額を計算し、予定計上する**ということです。

　税抜経理は、消費税を損益に関係させないので毎月適正な損益が表示されるのですが、税込経理はこの予定計上をしない限りは毎月の損益が税込みで表示されます。通常、この税込みの損益は税抜経理に比べて利益が出ている方向に表示されます。それは、期中、未払消費税という負債を計上しないからなのですが、決算においては未払消費税を計上しますから、この時にガクンと利益が減るのです。ここでの利益の減り方・インパクトは消費税率が大きくなればなるほど大きくなります。

　これでは、期中、本当に利益が発生しているのかどうかが分かりません。もっといえば、決算対策が本当に必要なのかどうかも分かりません。適正な現状把握ができていないのですから。

　このことは、減価償却費を月々予定計上せず、決算で１年分を一気に計上するのととてもよく似ています。

　このように、せっかく月々行っている月次決算を適正な損益で表示させるためにも、税込経理を行う場合には毎月、消費税の負担額を予定計上することをお勧めします。


⑤　各種所得と税抜経理

　ここで消費税の課税事業者の所得税特有の取扱いについて２つほど見てみましょう。

㈠　２以上の所得を有する場合に税込経理・税抜経理は統一しなければならない？

　　例えば、不動産所得と事業所得がある人について、事業所得はコンピューター処理しているのでメリットが大きい税抜

経理を行っているが、不動産所得は1年に一度まとめて処理するので税込経理の方がやりやすい、という場合があります。このような場合には事業所得は税抜経理、不動産所得は税込経理とすることができるのでしょうか？

　これはOKです。不動産所得、事業所得、山林所得、雑所得の計算においては、それぞれの所得ごとに税込経理又は税抜経理を統一しておけばよいことになっています。

　なお、2以上の所得区分においていずれも税抜経理を行っている場合の仮払消費税・仮受消費税の清算は各所得ごとに行うため、これらの差額と実際の納付税額との差額はそれぞれの所得の雑収入又は雑損失となります。

㈣　譲渡所得と税抜経理

　不動産所得や事業所得、山林所得又は雑所得において税抜経理を行っている個人事業者がこれらの業務や事業で使っている固定資産を売却した場合、譲渡所得が発生しますが、この譲渡所得は税抜きで計算するのでしょうか、それとも、税込みでもよいのでしょうか？

　これについては、業務や事業の用に供していた所得の経理方法と統一します。ですから、事業所得の用に供していた固定資産を譲渡した場合、事業所得が税抜経理であればその譲渡所得においても税抜経理とし、仮払消費税と仮受消費税は事業所得において計上した上で清算時のこれらの差額と実際の納付額との差額は事業所得の雑収入又は雑損失となります。

　なお、事業に関係のない、例えばマイホームの譲渡所得などについては課税対象外取引に該当するため、課税事業者が譲渡を行ったとしてもこの譲渡については総収入金額、取得費、譲渡費用とも全て税込みで行うことになります。

## 5 損益通算が分からない人、集まれ！！

① 損益通算の所得税における立ち位置

　所得税は「所得が多い人には大きな税負担を引き受けてもらい、所得が少ない人には小さな税負担とする」ことを前提としていますが、同時に税負担が納税者の生活を脅かすことのないようにしなければならないため、所得を発生原因別に10に区分し、それぞれの担税力を考慮して所得金額の計算方法が定められています。

　このような背景から、ある所得のマイナスを担税力の異なる他の所得から控除することは不適切といえるでしょう。しかし、そのマイナスが生活に直結するものであり、それが切り捨てられたとすると「税が納税者の生活を脅かす」ものになってしまう場合にはやはり一定の配慮が必要となります。

　そこで、不動産所得、事業所得、山林所得、総合課税の譲渡所得（一部のもののみ）から生じたマイナスに限って一定の順序により他の所得から控除することを認めているのです。

　また、これとは別に、「居住用財産の買換え等の場合の譲渡損失の損益通算の特例」や「特定居住用財産の譲渡損失の損益通算の特例」が認められています。これは、長年住んでいた居住用建物やその敷地を売却して損失が発生し、その後に住宅ローンで新しい家を買った場合や、住宅ローン残高よりも安い金額でしか売れなかった場合にはこの譲渡損失を何とかしてあげないとかわいそうですね。こういった場合にこの譲渡損失について他の所得と損益通算することが認められているのです。

　このように、通常の損益通算も居住用建物等の譲渡損失の損益通算も**納税者の生活を脅かすことのないよう、との配慮から**

制度化されたものなのです。

② 不動産所得、事業所得、山林所得、総合課税の譲渡所得の損
失の損益通算

まずは所得税法に規定がある、なじみのある方から。

不動産所得、事業所得、山林所得又は総合課税の譲渡所得
（一部のみ）から生じた損失の金額は何故損益通算を認めない
と納税者の生活を脅かすことになるのでしょうか？まずは、損
益通算できる損失の中身を確認しましょう。

㋑ 損益通算の対象
・ 不動産所得

別荘など生活に通常必要でない資産を貸し付けていた場
合のその資産に係る損失や土地負債利子に係る損失以外の
もの全てが損益通算の対象となります。

・ 事業所得

基本的に全て損益通算の対象となります。

・ 山林所得

基本的に全て損益通算の対象となります。

・ 総合課税の譲渡所得

生活に通常必要でない資産に係る譲渡損失は損益通算す
ることができません。また、生活に通常必要な資産に係る
損失は生じなかったものとみなされるためこれも損益通算
という話にはなりません。

これだけでは、損益通算の対象となる損失はないように
思えます。では、何が損益通算の対象となるのかというと、
**土地や建物以外の業務用固定資産の譲渡損失**です。

㋺ 何故、これらの損益通算を認めないと都合が悪いのか？

不動産所得と山林所得は事業的規模のものと事業的規模以

外のものが混在していますが、**不動産所得、事業所得、山林所得は収支計算を行う「メシの種所得」である**という共通点があります。

　これらの所得が何らかの理由でマイナスになるということは、メシの種を得ることができないどころか、持ち出しになってしまったことを意味します。このような状況下では、他の所得、例えば給与所得があったとして、そこから源泉徴収されている所得税は喉から手が出るほど還付してもらいたくなるのではないでしょうか？また、他の所得が一時所得だったとして、メシの種所得のマイナスは切捨てとし、一時所得について通常通り税負担を求めることは適切といえるのでしょうか？

　これらの例から分かるように、収支計算を行うメシの種所得がマイナスになった場合には他の所得との損益通算を認めてやらないと税が納税者の生活を脅かす結果となるのです。なお、収支計算を行わないメシの種所得である給与所得や公的年金等の所得については所得がマイナスになることがないため、損益通算という話にはなりません。

　また、事業的規模以外の不動産所得についてはメシの種所得ではないにもかかわらず損益通算が認められていますが、資産損失の必要経費算入に限度があったり（これによりマイナスになることはない）、貸倒損失は収入金額発生時点にさかのぼって所得計算をやり直すことになっていたりしますので、これにより損益通算に制限がかけられていることになります。

　では、何故、総合課税の譲渡所得のうち、業務用固定資産に係る部分が損益通算の対象とされているのでしょうか？

　この業務用固定資産って、何に使われていたものでしょう

か？メシの種所得を獲得するのに使われていた訳ですよね。このメシの種所得を獲得するための道具を売却して損をしたら、この損失は事業所得などの損失と性質は同じですね。

ということで、総合課税の譲渡所得については業務用固定資産の譲渡損についてのみ損益通算を認めているのです。

---

【参　考】業務用固定資産の資産損失と譲渡損失

業務用固定資産の資産損失は除却、滅失、取り壊しの際に計上されます。企業会計的にいうと、「固定資産除却損」に当たります。これに対し、業務用固定資産の譲渡損失は企業会計的にいうと「固定資産売却損」に当たります。

企業会計では「固定資産除却損」も「固定資産売却損」も特別損失として表示されますから、たまたまその営業年度に実現したに過ぎないということで経常利益の計算外に置くことになっています。

これに対し、所得税では資産損失は不動産所得や事業所得などの必要経費とされ、譲渡損失は譲渡所得のマイナスとして損益通算により不動産所得や事業所得からマイナスされます。この取扱いは間違えやすいところなので気を付けたいところです。

---

(ハ)　損益通算の順序

所得税の各種所得は担税力に配慮して計算方法が定められていますから、軽い負担とする所得と重い負担とする所得があります。ですから、損益通算の順序を決めておかないと同じ状況でも有利な計算をする人と不利な計算をする人が出てきて課税の公平を保つことができなくなります。

そこで、損益通算は次のように4つのグループを作って、順序が定められています。

I　経常所得グループ
・　利子所得
・　配当所得
・　**不動産所得**
・　**事業所得**
・　給与所得
・　雑所得
II　臨時所得グループ
・　**総合課税の譲渡所得**
・　一時所得
III　軽課分離所得1〜**山林所得**
IV　軽課分離所得2〜退職所得
　　太字は所得がマイナスになったら損益通算の対象となる所得

具体的な損益通算の順序に入る前に、損益通算の共通ルールを確認しましょう。

1．損益通算の対象となる所得がマイナスになったら、まず、同じグループの他の所得から差し引く

2．臨時所得グループ内の通算については、50万円控除後、かつ、（長期譲渡所得及び一時所得の）2分の1する前の金額から差し引く

3．他のグループの所得から差し引く場合、必ず上記I、II、III、IVの順番に差し引く⇒軽課される分離所得（山林、退職）を残すように順序が決められているため、こ

の部分については納税者有利となる

4．租税特別措置法上の分離所得（土地建物や株式等の譲
渡所得など）から差し引くことはできない

では、具体的な損益通算の順序を対象所得別に見てみま
しょう。

◆ 不動産所得及び事業所得のマイナス分

これらはいずれも経常所得グループに属しますから、
これらのマイナス分はまず、Ⅰ経常所得グループの中で
差し引きを行い、控除しきれない部分はⅡ、Ⅲ、Ⅳから
順次差し引くことになります。

◆ 総合課税の譲渡所得のマイナス分

総合課税の譲渡所得のマイナス分はまず、他の総合課
税の譲渡所得から差し引きを行います（内部通算）。こ
の場合、総合短期譲渡に該当するものがマイナスになっ
た場合は他の総合短期譲渡所得のプラス分から差し引き、
控除しきれない分は総合長期譲渡所得のプラス分から差
し引きします。同様に、総合長期譲渡に該当するものが
マイナスになった場合は他の総合長期譲渡所得のプラス
分から差し引き、控除しきれない分は総合短期譲渡所得
のプラス分から差し引きします。

それでも控除しきれない金額がある場合に初めて損益
通算という話になるのですが、譲渡所得はⅡ臨時所得グ
ループに属しますから、**譲渡所得のマイナス分はまず、
一時所得から控除**します。これが非常に間違えやすい部
分なので、一時所得（生命保険の満期・解約返戻金や法
人からの贈与、競馬・競輪などの配当など）がある場合
には注意しましょう。

さらに控除しきれない金額についてはⅠ、Ⅲ、Ⅳから

順次差し引きします。

◆ 山林所得

　　山林所得のマイナス分はⅠ、Ⅱ、Ⅳから順次差し引きします。

㈢　純損失の繰越を行った場合の翌年以降の控除の順序

　　青色申告の場合には、その年において損益通算をしても控除しきれない金額がある場合、連続して確定申告することを要件にその控除しきれない金額を翌年以後3年間繰り越すことができます。これを純損失の繰越控除といいます。

　　この場合、翌年以降の純損失の繰越控除の順序はどうなるのでしょうか？

◆ 総所得金額（損益通算のⅠのグループとⅡのグループが統合されたと思って下さい）から生じて繰り越されてきたマイナスについてはまず、総所得金額から差し引きし、控除しきれない金額は山林所得金額、退職所得金額から順次控除します。

◆ 山林所得から生じて繰り越されてきたマイナスについてはまず、山林所得金額から差し引きし、控除しきれない金額は総所得金額、退職所得金額から順次控除します。

③　居住用建物等の譲渡損失の損益通算

　　損益通算はもともと、不動産所得、事業所得、山林所得、一部の総合譲渡所得についてのみ認められていた制度なのですが、1998年度税制改正において「居住用財産の買換え等の場合の譲渡損失の損益通算及び繰越控除の特例」（租税特別措置法第41条の5）が、2004年度税制改正において「特定居住用財産の譲渡損失の損益通算及び繰越控除の特例」（同法第41条の5の2）がそれぞれ創設されました。

これらは居住用財産の譲渡損が発生し、その後買換資産を住宅ローンで取得した場合や、売却額が当初の住宅ローン残高に満たないため旧ローン残高が残ってしまうような場合に、その譲渡損の損益通算及び繰越控除を認めようという制度です。居住用財産は納税者の生活に必須のものですから、これについて生じた譲渡損失を他の所得から差し引きするというのは税が納税者の生活を脅かさないようにするためにも必要な制度といえます。

ただし、これらは租税特別措置法に規定されていますから時限立法となっており、2021年度税制改正が行われた時点では、いずれも2021年12月31日が適用期限となっています（現適用期限の設定は2020年度改正において行われたものです）。

(イ)　居住用財産の買換え等の場合の譲渡損失の損益通算及び繰越控除制度

　　土地建物等の長期譲渡に該当するマイホームを売却して譲渡損失が発生した上で代わりのマイホームを住宅ローンで取得し、翌年までに居住の用に供したときは、一定の要件の下、その譲渡損失を他の所得と損益通算し、控除しきれない金額を翌年以後3年間繰り越すことができます。

　　ただし、繰越控除については、合計所得が3,000万円以下の年に限られます。

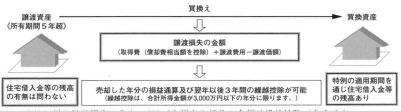

※　土地に係る譲渡損失のうち、500㎡を超える部分の金額は繰越控除できません。

㈡　特定居住用財産の譲渡損失の損益通算及び繰越控除制度

　土地建物等の長期譲渡に該当するマイホームで住宅ローンが残っているものを住宅ローン残高以下の譲渡価額で売却して譲渡損失が発生した場合、一定の要件の下、その譲渡損失（住宅ローンの残高と譲渡価額の差額が限度）を他の所得と損益通算し、控除しきれない金額を翌年以後３年間繰り越すことができます。

　ただし、繰越控除については、合計所得が3,000万円以下の年に限られます。

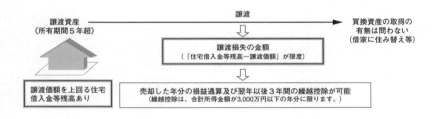

㈢　損益通算の順序

　その譲渡損失が生じた年においては、経常所得の損益通算を行った上で、これらの譲渡損失の金額を総合短期譲渡所得の金額⇒総合長期譲渡所得の金額⇒一時所得の金額⇒土地等に係る事業所得等の金額⇒経常所得の金額⇒山林所得の金額⇒退職所得の金額の順に損益通算を行い、純損失の繰越控除、雑損失の繰越控除の順に控除を行います。

㈣　繰越控除の順序

　その譲渡損失が生じた年の翌年以降３年間においては、通常の損益通算及び純損失の繰越控除を行った上で、前年から繰り越されてきた譲渡損失を分離長期譲渡所得の金額⇒分離短期譲渡所得の金額⇒総所得金額⇒土地等に係る事業所得等

の金額⇒山林所得金額⇒退職所得金額の順に差し引きを行い、
雑損失の繰越控除を行います。

## 6　雑損控除の計算

① 雑損控除の立ち位置

　所得税と法人税はいずれももうけの一部を納めよ、という税目なのに大きな違いがいくつもあります。その違いの中でも大きなものといえば、損失の原則的取扱いが挙げられるでしょう。

　法人税においては法人税法第22条第3項第三号において資本等取引以外の損失は別段の定めがあるものを除き、損金算入することとされていますが、所得税法第37条（必要経費の規定）には損失の金額の記載がありません。つまり、所得税において損失は原則必要経費不算入なのです。

　しかし、損失を全て必要経費として取り扱わないとした場合、やはり税が納税者の生活を脅かすことになってしまう場合がありますから、限定列挙により救済規定を置いています。主なものは次の通りです。

⑴ 業務上生じた資産損失や貸倒れ

　事業的規模であれば、いずれもその所得の必要経費に算入されます。事業的規模以外であれば、資産損失には必要経費算入額に制限がかかり（これにより所得がマイナスになることはない）、貸倒れについては発生年にさかのぼって総収入金額の修正が行われます。

⑵ 不動産所得、事業所得、山林所得のマイナス及び業務用固定資産（土地建物等を除く）の譲渡損失

　損益通算により、一定の順序で他の所得から差し引かれ、青色申告の場合には、控除しきれない金額を翌年以後3年間繰り越すことができます。

⑶ 棚卸資産について生じた損失

その所得の必要経費に算入されます。

㈁　居住用建物等の譲渡損失

　　一定の居住用建物等の譲渡損失については、一定の順序で他の所得と損益通算を行い、控除しきれない金額を翌年以後３年間繰り越すことができます。

㈭　株式等の譲渡損失

　　上場株式等の譲渡損失については、上場株式等の配当所得等の金額（分離課税）から差し引きを行い、控除しきれない金額を翌年以後３年間繰り越すことができます。これを一般株式等の譲渡所得から差し引くことはできません。

　　一般株式等の譲渡損失については、エンジェル税制の対象とされる株式に係るものを除き、損益通算は不可とされ、切捨てとなります。

㈬　損益通算の対象となっていない所得において生じた損失

　　例えば、公的年金等以外の雑所得において生じたマイナスは同じ雑所得である公的年金等の所得から差し引くことができます（内部通算）。また、土地建物の譲渡所得において生じたマイナスは他の土地建物等の譲渡所得において生じた所得から差し引くことができます。

　　このように、損益通算の対象となっていない所得において生じた損失は同じ所得区分内で通算することができます。

㈦　生活に通常必要な資産の災害・盗難・横領により生じた損失

　　生活に通常必要な資産について災害・盗難・横領により生じた損失については業務を営む、営まないにかかわらず、全ての所得の納税者に発生する可能性があることから、必要経費ではなく、所得控除として所得の金額から差し引くこととされています。これが「雑損控除」です。

このように、生活の通常必要な資産について納税者の責めに
帰さない損失が発生した場合の救済措置として雑損控除が規定
されているのです。

　ここ数年来、大規模な自然災害が発生することが多くなって
いますので、あまり有難くない所得控除ですが、取り扱う機会
は増えてくるのかもしれません。

② 雑損控除の概要

　納税者本人又は本人と生計を一にする配偶者その他の親族で
その年分の総所得金額等の合計額が48万円以下のものの有する
生活に通常必要な資産について災害・盗難・横領によって損失
を受けた場合や、災害に関連してやむを得ない支出（災害関連
支出）を行った場合に一定額をその年分の総所得金額等から控
除されるものです。

(イ) 生活に通常必要な資産

　・　居住用家屋

　・　テレビ、洗濯機、エアコン、ステレオなどの家財

　・　衣服

　・　現金

　・　時価30万円以下の宝石や骨とう品　など

(ロ) 災害関連支出

　・　被災家屋の取り壊し・除去費用や原状回復費用

　・　家屋や家財について被害が生じ、又は被害が見込まれる
　　　場合の被害の発生・拡大防止のための費用（屋根の雪下ろ
　　　しやシロアリ駆除などの費用）　など

　　　さて、雑損控除が納税者本人の生活に通常必要な資産のみ
　　ならず、合計所得金額が48万円以下の同一生計親族の有する
　　ものも対象とされている理由って何でしょうか？

合計所得金額48万円以下の同一生計親族の生活に通常必要な資産について災害・盗難・横領により損失が生じた場合にはその親族の雑損控除として認めてあげるのがスジなのでしょうが、この親族の合計所得金額が48万円以下だと基礎控除だけで課税所得がゼロとなりますから、雑損控除として所得から控除される金額はゼロとなり、これでは救済になりませんね。そこで、その親族を扶養している人の所得からまとめて控除してあげよう、ということになったのです。

　　ですから、同一生計内に2人以上の所得者がいる場合、もちろん、これらのうちいずれか1人の雑損控除となるのですが、その合計所得金額48万円以下の人を同一生計配偶者又は扶養親族としている場合にはその納税者の雑損控除とされます。また、誰の同一生計配偶者又は扶養親族にもなっていない場合には、配偶者がいるときは配偶者の雑損控除とされ、配偶者がいないときは最も所得が大きい人の雑損控除とされます（所得税法施行令第205条第2項）。

　　なお、配偶者控除や扶養控除においても合計所得金額が基礎控除以下の人が対象となっていますが、これらの人の基礎控除額（に近い金額）を扶養している人から差し引こうとするところに雑損控除と同様の姿勢が見てとれますね。

③　雑損控除の計算

　　雑損控除は医療費控除、寄附金控除と並び、15種類ある所得控除の中でも年末調整によって適用を受けることができない所得控除です。その理由は、いずれも給与所得以外の所得も含めた合計所得金額が計算に使われるためですが、これら3つに共通する特徴として「足切り額」があるということが挙げられます。

中でも雑損控除は人的控除以外の所得控除の中で必ずしも支出を伴わないことから異色の存在となっています。

　さて、雑損控除額の計算方法ですが、次のようになっています。

$$損失の金額 - 足切り額$$

(イ)　損失の金額

　　損失の金額は、

（損失発生直前の時価 − 損失発生直後の時価）＋災害関連支出 − 保険金等で補填される金額

で表されます。

　　損失直前及び直後の時価については、評価が難しいところがあるのですが、取得価額が分かる場合には、非事業用資産の減価の額（譲渡所得の取得費の計算に使うのと同じもの）を控除した金額を直前の時価とし、それに被災割合をかけたものを「損失発生直前の時価 − 損失発生直後の時価」としてもいいことになっています。

(ロ)　足切り額

　　足切り額は医療費控除や寄附金控除とは異なり、結構複雑なものとなっていて、災害関連支出の額によって次の3つに分かれます。

　1．災害関連支出の額が5万円以下の場合

　　　総所得金額等の10％

　2．災害関連支出の額が5万円を超える場合

　　　「総所得金額等の10％」と「損失の金額 − （災害関連支出 − 5万円）」のいずれか少ない金額

　3．対象の全額が災害関連支出である場合

「総所得金額等の10％」と５万円のいずれか少ない金額
(ハ)　雑損控除額の簡便な計算方法
　　　所得税法第72条では計算方法が上記のように規定されてい
　るのですが、計算が大変煩わしくなりますから、**次のいずれ
　か多い方の金額**を雑損控除額とする方が簡単に計算できます。
　　ア．損失の金額－総所得金額等の10％
　　イ．損失の金額のうち、災害関連支出の金額－５万円

## 7 法人成りの準備と処理

　次に、個人事業者が法人成りにより廃業する際の所得税の取扱い
を確認したいと思います。

　個人事業者が法人成りする理由は信用目的のため、社会保険の適
用関係のため、租税負担軽減のためなど様々ですが、法人成りの意
味合いを誤解していらっしゃる方が少なくありません。

　我々職業会計人は「個人と法人は全くの別人格」ということは
重々承知しているのですが、お客様は単に看板の掛け替えと思って
いらっしゃる方が大半ではないでしょうか。個人事業者においては
事業で稼いだお金は全部自分のものなのですが、法人成り後も「仕
事で得たお金は自分のもの」という感覚をそのまま引きずってしま
うのです。

　このような感覚から1日も早く卒業して頂くためにも法人成りの
際には、個人事業者卒業の儀式ともいえる廃業の準備・手続きを早
いうちから時間をかけて念入りに行っていきたいものです。


① 法人成りによる個人事業廃業の流れと手続き
　(イ) 法人成り及び個人事業廃業の流れ
　　　法人成り及び個人事業廃業の一般的な流れは次の通りです。
　　・　法人設立と個人事業廃業のおおまかな日程を決める
　　・　会社の商号、本店所在地、目的、資本金、発行株式数、
　　　取締役や最初の株主など重要事項を決める
　　・　定款を作成する
　　・　定款認証（公証役場又は電子認証）
　　・　設立登記申請及び印鑑登録（法務局）
　　・　個人事業引き継ぎの準備（取引や支払が法人になる旨の

告知や請求書・領収書の発行者名を法人のものに改めるな
　　ど）

　　・　個人事業の諸資産・諸債務を法人に引き継ぎ、法人によ
　　る営業スタート　⇒個人事業の廃業

　(ロ)　個人事業廃業の手続き

　　個人事業を廃業した場合には、廃業から１か月以内に税務
　署に「個人事業の開業・廃業等届出書」を提出します。消費
　税の課税事業者である場合には「事業廃止届出書」も合わせ
　て提出します。また、青色申告者が廃業の翌年以降、青色申
　告を取りやめる場合には、廃業年の翌年３月15日までに税務
　署に「所得税の青色申告の取りやめ届出書」を提出します。

　　その後、廃業年の翌年３月15日までに所得税の確定申告を
　行うことになります。

　　法人成りによる個人事業の廃業の場合にはどちらかという
　と法人の開業届や青色申告承認申請、給与支払事務所の開業
　届、納期の特例申請などで忙しくなるのですが、個人の側で
　も廃業届は忘れずに提出しなければなりません。

　　なお、所得税の青色申告の取りやめについては廃業後すぐ
　に行わない方がよいでしょう。行うのであれば確定申告と同
　時のタイミングがよいと思います。なぜなら、法人成りに
　よって個人で所有している建物を会社に貸し付けることで不
　動産所得が発生する可能性があり、この場合にも青色申告に
　しておくと何かと有利になることが多いからです。青色申告
　の取りやめ届出書を提出した場合、その提出日から１年以内
　に青色申告の承認申請を提出しても却下事由に該当します。


②　個人事業廃業時に特有の所得税の計算

　(イ)　棚卸資産を法人へ売却

個人事業の廃業時に有していた棚卸資産は法人に引き継ぐ
ことになりますが、これは法人への売却ということになりま
すので、売却価額が事業所得等の総収入金額に算入されます。
　　この場合、売却価額が通常の販売価額のおおむね70％未満
となるときは棚卸資産の低額譲渡として時価が総収入金額算
入となりますので注意が必要です（所得税法第40条第１項第
二号、所得税基本通達40−２）。

㈠　固定資産を法人へ売却
　　個人事業の廃業時に有していた固定資産を法人に譲渡する
場合、譲渡価額が譲渡所得の総収入金額に算入されます。
　　この場合、譲渡価額が時価の２分の１未満となるときは譲
渡所得の基因となる資産の低額譲渡として時価が総収入金額
算入となりますので注意が必要です（所得税法第59条第１項
第二号、所得税法施行令第169条）。
　　売却するとまとまった消費税の負担がかかるから避けたい
という場合には、法人に譲渡せず、貸し付ける（使用貸借も
含む）方法もあります。

㈡　貸倒引当金及び退職給与引当金の全額戻入れ・取崩し
　　個人事業の廃業時に貸倒引当金や退職給与引当金の残高が
ある場合、翌年以降は事業をやっていないため、これらを戻
し入れるタイミングがなくなってしまいます。
　　このため、これらの残高は廃業年において全額戻入れ・取
崩しとなります。

㈢　廃業年の翌年以降に発生した経費の必要経費算入
　　不動産所得、事業所得又は山林所得を生ずべき事業を廃止
した後においてこれらの事業に係る費用・損失でこれらの事
業を廃止しなかったとしたならば発生年分の必要経費に算入
されるものが生じた場合には、その廃止年において必要経費

に算入されます（所得税法第63条）。

　その結果、廃止年分の合計所得金額がマイナスになる場合には、そのマイナス分は廃止年の前年分の必要経費となるため（限度額あり）、更正の請求を行うことになります。

　ただし、この取扱いは事業を生ずべきものに限られていますから、雑所得を生ずべき業務の廃業については適用がありません。

　ここでは、特に忘れてはならないものを2つ紹介します。

・　概算個人事業税の必要経費算入

　個人事業税は前年分の不動産所得や事業所得が課税標準となっていますから、債務の確定が所得発生年の翌年となります。しかし、個人事業の廃業の場合には翌年はもう事業をやっていませんから、必要経費算入のタイミングがありません。

　そこで、次の算式により計算した金額を廃業年の必要経費に算入することが認められています（所得税基本通達37－7）。

$$\frac{(A \pm B) \times R}{1 + R}$$

A…概算個人事業税必要経費算入前の不動産所得・事業所得

B…事業税の課税標準の計算上Aの金額に加減算する金額

R…個人事業税の税率

　例えば、6月24日に廃業した個人事業者の事業所得の金額が230万円（青色申告特別控除額55万円控除後）だった場合

の概算個人事業税額を計算してみましょう。

Aは230万円です。Bのうち、加算する金額は青色申告特別控除額の55万円、減算する金額は事業主控除の145万円（290万円×6月／12月）です。税率は5％が適用される事業だとすると、7万円が概算個人事業税額となります。

・　退職給与引当金相当額を法人に支払った場合の支払額の必要経費算入

貸倒引当金は当年の繰入額を翌年全額取り崩してまた繰り入れ…といういわば「洗い替え型」の引当金ですから、廃業年に全額戻し入れを行っても繰入れができなくなるだけですから、あまり大きなインパクトがないことが多いと思います。

これに対し、退職給与引当金は従業員の将来の退職に備えて毎年繰り入れていくいわば「積み上げ型」の引当金ですから、廃業年に全額戻し入れを行うとなると相当大きなインパクトとなります。

そこで、このような場合のために所得税基本通達63－1において、次のような取扱いとされています。

「個人事業を引き継いで設立された法人が、個人事業当時から引き続き在職する使用人の退職により退職給与を支給した場合において、その支給した金額のうちに、個人事業当時の事業主の負担すべきものとして当該法人の所得の金額の計算上損金に算入されなかった金額があるときは、その金額については、その事業主が支出した退職給与として法第63条の規定を適用する。」

具体例として、国税庁質疑応答事例[6]において、退職給与引当金相当額を会社に支払った場合、個人事業者が退職給与規定等を有し、支給額の計算が適正に行われていると

きは、その支払額は廃業年の必要経費に算入され、法人に引き継ぐことができる旨、記載されています。

(ホ) 一括償却資産や繰延控除対象外消費税額等の全額必要経費算入

一括償却資産（単価20万円未満の固定資産につき、3年間で3分の1ずつ必要経費に算入することを選択したもの）や繰延控除対象外消費税額等（税抜経理を行っている事業者の課税売上割合が80％未満となる課税期間において課税仕入れを行った固定資産や繰延資産に係る消費税を5年償却とするもの）の残高がある場合には、翌年以降は事業をやっていないため、これらを必要経費に算入するタイミングがなくなってしまいます。

このため、これらの残高は廃業年において全額必要経費算入となります。

---

6　国税庁質疑応答事例「法人成りにより使用人を引き継いだ新設法人に支払う退職金相当額」https://www.nta.go.jp/law/shitsugi/shotoku/04/03.htm

## 8 相続による事業承継〜所得税編

　個人事業の承継はできれば生前に行っておきたいものですが、個人事業者が不慮の事故などで急逝されることもあります。ここでは、相続による事業承継があった場合の所得税の取扱いを被相続人と相続人それぞれについて確認しましょう。

　なお、分かりやすくするために被相続人を「お父さん」、相続人を「息子」と呼ぶことにします。

① お父さんの所得税

　(イ) 所得税の手続き

　　被相続人たるお父さんの所得税における手続き関係は極めてシンプルです。給与の支払いを行っていた場合でも、個人事業者の開業・廃業等届出書の提出があれば「給与支払事務所等の開設・移転・廃止届出書」の提出は不要です（所得税法施行規則第99条）。

　　なお、下記記載の「所得税の青色申告の取りやめ届出書」については、死亡による廃業の場合、事業の全部廃止となることは明らかですから、提出しなくても事業廃止年（相続開始年）の翌年以降は自動的に承認が失効する（所得税法第151条第2項）ことになっているので私は提出しないことにしています。

　　・ 「個人事業者の開業・廃業等届出書」⇒廃業届として相続開始後1か月以内に（都道府県税事務所にも）

　　・ 「所得税の青色申告の取りやめ届出書」⇒相続開始年の翌年3月15日までに

　(ロ) 所得税の計算

亡くなられたお父さんの準確定申告は申告義務がある場合には、相続人がお父さんの納税地の所轄税務署長に対して、相続の開始があったことを知った日の翌日から4か月以内に行わなければなりません。この準確定申告は相続人が行うのですが、相続人が2人以上いる場合には「死亡した者の令和〇年分の所得税及び復興特別所得税の確定申告書付表（兼相続人の代表者指定届出書）」を合わせて提出します。

　お父さんの死亡により書類上は「廃業届」を提出しているのですが、一身専属の事業などのように被相続人の事業は廃止で相続人はその事業を引き継がないということが明らかでない限りは**相続人（この場合、息子）がその事業を承継する場合、所得税の計算においては事業の廃止として取り扱わない**ことになります。

　この場合の準確定申告の所得計算において特有の注意すべき点は次の通りです。

・　相続開始時の棚卸資産については通常通り期末棚卸高として計上し、売上にはしない

・　個別評価貸金等に係る貸倒引当金については、通常通り繰入を行う（相続人がその事業を承継しなかった場合には繰入不可⇒全額戻入）

・　一括評価貸金による貸倒引当金については、相続人がその事業を承継し、かつ、相続開始年分の所得税について青色申告である場合に限り、通常通り繰入を行う

・　退職給与引当金については、相続人がその事業を承継し、かつ、相続開始年分の所得税について青色申告である場合に限り、死亡時在職の従業員について通常通り繰入を行う（相続人がその事業を承継しなかった場合や青色申告でない場合には繰入不可⇒全額取り崩し）

- 一括償却資産や繰延控除対象外消費税額等の全額必要経費算入（準確定申告においては通常通り必要経費算入を行い、残額は相続人において必要経費算入とすることも認められている）
- 支払を要する医療費控除や生命保険料控除、寄附金控除などの所得控除については死亡した日までに支出した分が対象となる
- お父さんの控除対象配偶者や控除対象扶養親族を同一生計の他の親族（息子など）の控除対象扶養親族とすることが可能（所得税基本通達83〜84−1）。また、これらの親族に係る障害者控除についても同様（同79−2）⇒判定日を異にするため所得要件（同一生計配偶者や扶養親族の合計所得金額は死亡時の現況ではなく1年間の見込み額で判定）等を満たせば同一人物が2人の控除対象となる

② 息子の所得税

(イ) 所得税の手続き

息子がお父さんの相続開始前から個人事業者であった場合には、特に手続きの必要がありません。

また、息子が個人事業者ではなく、相続を機に個人事業者となった場合は通常の開業手続きとほとんど同じですが、期限に若干取扱いが異なるところがあります。主なものは次の通りです。

- 「個人事業者の開業・廃業等届出書」⇒開業届として相続開始後1か月以内に
- 「所得税の青色申告承認申請書」
  ⇒原則として、開業年の3月15日まで（1月16日以後に開業した場合には開業から2か月以内）に

⇒**お父さんが青色申告者だった場合**には、８月31日までに相続が開始した場合には相続開始日から４か月以内、９月１日から10月31日までに相続が開始した場合には12月31日まで、11月１日以降に相続が開始した場合には翌年２月15日がそれぞれ申請期限となる（所得税基本通達144−１）

・ 「給与支払事務所等の開設・移転・廃止届出書」⇒給与支払事務所開設の日から１か月以内に

・ 「青色事業専従者給与に関する届出書」⇒開業年の３月15日まで（１月16日以後に新たに専従者がいることとなった場合にはその日から２か月以内）に

・ 「源泉所得税の納期の特例の承認に関する申請書」⇒提出日の属する月の翌月末に自動承認、翌々月10日納期限分から特例となる

・ 「所得税の棚卸資産の評価方法・減価償却資産の償却方法の届出書」⇒開業年の翌年３月15日までに

(ﾛ) 所得税の計算

・ お父さんの相続開始時の棚卸資産簿価を貸借対照表上で引き継ぐ（必要経費とする形で引き継ぐ訳ではない）

・ お父さんの個別評価貸金等に係る貸倒引当金簿価を貸借対照表上で引き継ぐ

・ 息子が青色申告の場合、お父さんの一括評価貸金による貸倒引当金と退職給与引当金の簿価を貸借対照表上で引き継ぐ

・ お父さんの一括償却資産や繰延控除対象外消費税額等の残高があれば貸借対照表上で引き継ぐ

・ その他の資産、負債を貸借対照表上で引き継ぐ

・ 有形固定資産は簿価（未償却残高）で引き継ぐが、**償却方法は引き継がないため**、お父さんが法定償却方法以外の

方法を選択していた場合、注意が必要となる
・　お父さんの事後費用や個人事業税などを必要経費に算入
する

## 9 本章のまとめ

　所得税の処理で悩みが多くなるところを中心にアラカルト的に見てきました。第3章までは総論的な部分を中心に取り扱ってきたのですが、本章では個別の取扱いをその考え方とともに紹介しました。

　所得税は個別性が強く、奥深い税目です。ここに記載したものだけで十分とはとても言えませんが、ここから所得税の考え方の根幹に関する部分を広げていって頂ければと思います。

① 　生計を一にする親族に対して支払う対価の取扱いはある意味、家族単位課税のようになっている

② 　事業専従者がいる場合、他の従業員に対する給与との整合を図るために例外的に必要経費算入を認めている

③ 　譲渡所得は所有権が離れたことを機に含み益の精算を行うという性質があるため、他の所得とは少し違う一面があり、分離課税や特別控除制度など様々な特例が設けられている

④ 　譲渡所得の発生には有償・無償は問わないため、酷な課税となることがある

⑤ 　相続や贈与などで取得した譲渡所得の基因となる資産については、前所有者の含み益について課税の繰延がなされているため、取得時期と取得費を引き継ぐことになる

⑥ 　譲渡所得の基因となる資産を法人に贈与したり（低額譲渡を含む）、限定承認により引き継いだりした場合には、みなし譲渡として時価課税が行われる

⑦ 　生計を一にする親族に関する規定は家族単位課税の名残であるが、うまく利用すれば家族全体の税負担が軽減されることも少なくない

⑧ 　税抜経理は税込経理に比べてメリットが大きいため、課税事

業者については税抜経理がおすすめ

⑨　損益通算は複雑なルールがあるように思えるが、実は担税力への考慮からシステム化されており、それを理解すればあまり難しくない

⑩　生活に通常必要な資産に係る損失については雑損控除が規定されているが、今後、取り扱う可能性が高くなると思われるため、簡便な控除額の計算方法はマスターしておきたい

⑪　法人成りによる廃業は法人への事業譲渡と考え、所得税法第63条の取扱いが出てくるところに注意

⑫　相続による廃業は事業継承者がいるかいないかで取扱いが異なるので要注意

# 第5章

# 消費税の仕組みのあらまし

1989年に施行された消費税法は、所得税や法人税などの所得課税とは異なり、誰が読んでも同じ処理となることを目指して作られたといわれています。

　このような消費税の処理を行うにあたって押さえておくべき概念があります。それは、消費税は**転嫁税**だということです。ここでは、転嫁税とはどのような性質があるのかを確認していきましょう。

　次のような場合に、特別会費を受け取ったNPO法人はどのように処理すればよいでしょうか？

> 　子供たちにハンドボールの楽しさを教え、競技を普及させることを主業務としているNPO法人が自己の主催する大会の開催に当たり、その大会限りの特別会員（法人及び個人事業者）なるものを設け、その特別会員から特別会費を受領した。
> 　この特別会員については、大会プログラムに名前やロゴなどが記載され、観客などに広く配布される。

　このNPO法人の会計処理をする立場になると、普段あまりなじみのない取引ということもあって少し考えてしまいますね。

　理事らが拠出する通常の年会費は課税対象外です。活動計算書にはこういった受取会費の中にぽつんと特別会費の科目名が表示されるので、同じ会費収入だから「対価性なし」と判断して課税対象外とする向きもあるでしょう。しかし、本当にそれでよいのか少し考えて頂きたいのです。どのように考えるのか？それは、「**消費税は転嫁税だから支払側と受取側では原則的に消費税の取扱いは同じになる**」ということです。

　今回の例では受取側の処理を考えることになりますので、**支払側（取引の相手方）はどのように処理するかを考えればそれと同じ処理をすればよい**ということになるのです。

　皆さんが逆に、この特別会員側の処理を行う立場だったら、この特別会費の支出についてどう処理しますか？私だったら、プログラムに名前が出て、観客その他に広く配布されるのだから広告宣伝の

対価として課税仕入れにしますね。このように処理するのが正しいのではないでしょうか。

　取引の相手方が課税仕入れとするのが適正な処理だと考えられるものについては受取側で課税売上にしない訳にはいかないでしょう。

　このように、**一見、処理が難しそうに見える取引については、取引の相手方がどう処理するのかということを考えると簡単に答えが見つかる場合があります。**

　なお、原則があれば例外もあるもので、売り手と買い手で処理が異なるものもいくつかあります。例えば、１．役員が自社の資産を贈与された場合（みなし譲渡）、２．消費者から購入した中古品などを課税仕入れとする場合、３．旅行会社等が顧客からの入金について代理店手数料のみを課税売上とし、他の部分は預り金として処理する場合、などがありますが、これらはあくまで例外として考えて頂ければと思います（特に３．については旅行を主催する元締めまで取引を拡大して考えると原則通りになります）。

## 2 消費税の計算パターンと所得税との違い

① 消費税の計算パターン

消費税の申告書は原則課税用と簡易課税用の2種類が用意されていますが、基本的な計算パターンは変わりません。

---

【参　考】消費税（国税部分）の計算パターン

1．課税標準額…税抜対価の額を千円未満切り捨てしたもの

2．課税標準額に対する消費税額

3．控除過大調整税額

4．控除税額…次の(イ)〜(ハ)の合計

(イ)　控除対象仕入税額⇒<u>原則課税と簡易課税ではこの部分だけが異なる</u>

【簡易課税の場合】

・　みなし仕入れ率による控除対象仕入税額

【原則課税の場合】

・　実額による控除対象仕入税額

⇒個別対応方式・一括比例配分方式・全額控除のいずれか

・　調整対象固定資産に係る消費税の調整

・　棚卸資産に係る消費税の調整

(ロ)　返還等対価に係る税額

(ハ)　貸倒れに係る税額

5．差引税額or控除不足還付税額

6．中間納付税額

7．納付税額or中間納付還付税額

---

② 所得税と全く異なる納付税額の計算

　消費税は所得税とは異なり、独特の計算体系を有しています。それは、「課税標準額に対する消費税額」から「控除税額」を控除するということです。

　所得税の課税標準は「総所得金額、山林所得金額及び退職所得金額」（ほか、租税特別措置法によるものあり）です。この課税標準は「収入金額から必要経費を控除した金額」でした。つまり、**収入金額と必要経費の額の差額の集合が課税標準となっている**のです。

　これに対し、消費税は「課税売上の税抜対価の額」が課税標準となっており、何かと何かの差額が課税標準となっているのではないのです。所得税でいうなら、収入金額が課税標準になっているようなものです。

　したがって、原則課税の課税仕入れに係る消費税は自動的に差し引かれる訳ではなく、誤解を恐れず大げさにいうと、特例的に控除が認められているというイメージだと認識した方がよいように思います。

　実際、税務調査時に課税仕入れに係る帳簿及び請求書等を提示しなかったため帳簿保存要件を満たさないとして**控除税額を０円とし、課税標準額に対する消費税額（及び地方消費税）をそのままの金額で課税**するという更正処分が行われ、裁判で争われましたが、税務署側の勝訴となった事件がありました[7]。消費税率が２桁となり、インボイス方式の導入が目前となっている昨今、特に課税仕入れに関する帳簿及び請求書等の保存要件は重要性を増しているといえるでしょう。

---

7　東京地裁2019（令和元）年11月21日判決ほか

## 3　課税売上高はどのように位置づけられているのか？

　消費税は、「課税売上に係る消費税と課税仕入れに係る消費税との差額」というイメージが強いですが、実は、課税売上高（輸出免税等を含む）がすごく大きな意味を持ちます。

① 　小規模事業者・中小事業者への配慮
　㈑　小規模事業者・中小事業者の線引き
　　　消費税は転嫁税なので、本来、小規模事業者や中小事業者に対する配慮は不要で、納税義務者は全員同じ計算手続きを経て納税を行うべきなのかもしれません。
　　　しかし、消費税は課税の不公平を少なくするために形式課税の性格が強いものとされたこともあって、特に原則課税の事務負担は相当に大きなものとなります。そこで、そのような事務負担を義務化したところで精度の高い申告納税は期待できませんから、小規模事業者については納税義務を免除したり、中小事業者については仕入税額控除を課税売上高のみから計算することができる簡易課税制度の適用を認めたりすることとされたのです。
　　　では、この**小規模事業者や中小事業者とそれら以外の事業者の線引き**をどのように行うことにしたのでしょうか？皆さんご案内の通り、課税売上高によって線引きをすることにしたのです。
　㈘　線引きのジレンマ
　　　しかし、この方法によることには問題がありました。それは、小規模事業者・中小事業者に該当するかどうかはいつのタイミングで判定を行うのかということです。現在では**課税**

**売上高が1,000万円以下の事業者を小規模事業者、同じく5,000万円以下の事業者を中小事業者**としています。

　この判定については、申告対象となっている課税期間の課税売上高で線引きをすれば一番よいと思われます。が、これだと課税期間が終わって、帳簿を締めてみないと当課税期間が免税だったのか、簡易課税の選択が可能だったのかが分かりません。

　つまり、当課税期間の課税売上高だと事務負担対応への準備などの期間が全く確保されないため、遅すぎるのです。これではダメで、もっと前の課税期間の課税売上高を使わないと課税期間の初日から必要となる事務負担対応ができないのです。

(ハ)　所得税からヒントを得て

　そこで、同様のジレンマを抱える制度が所得税にあるので、そのやり方を借用することにしたようです。それは、所得税法第67条に規定されている青色小規模事業者の現金主義です。

　不動産所得や事業所得は権利確定主義により収入金額を計上し、それに個別的対応又は期間的対応する原価や費用を計上することにより所得計算を行うこととされていますが、小規模事業者についてはこの方法によって計算することが難しいため、減価償却など一部を除いて現金の受払いのタイミングで収入金額や原価・経費を計上することを届出により認めているのです。

　この特例対象となる青色小規模事業者をいわゆる特前所得金額300万円以下としたまではよいのですが、現金主義でよいのかどうかを判断するタイミングが問題となります。その年分の所得だと帳簿を締めるまで分からないし、前年分の所得だと最悪、３月15日まで分からないので、いずれにせよ、

期首である1月1日にはまだ分からないということでは都合が悪い。このような事情から、いささか時間的に離れるけれども、前々年分の所得を用いて当年分の所得計算方法を確定させ、準備する時間が与えられることになったのです。

これと同様に消費税においては、個人事業者は前々年、法人は前々事業年度をそれぞれ「基準期間」と称してその期間における課税売上高で小規模事業者・中小事業者の判定を行うことにしたのです。

なお、個人事業者の「前々年」は法人の事業年度とは異なり必ず1年ありますから、**年の途中で課税資産の譲渡等を行う事業を開始したとしても基準期間における課税売上高の年換算は行いません。**

蛇足ですが、2020年分所得税の確定申告から雑所得の記載が「公的年金等」「業務」「その他」の3つに区分されています。このうち、「業務」に係る雑所得については2022年分所得税の確定申告から、前々年の収入金額（現金主義とは異なり、「所得」ではない）が1,000万円を超える場合、総収入金額及び必要経費の内容を記載した書類（収支内訳書のようなもの）を添付することになります。

---

【**参　考**】所得税の「事業」と消費税の「事業」は違う概念？

雑所得の話が出てきたところで、所得税の「事業」と消費税の「事業」の違いについて触れておきたいと思います。

「雑所得は事業的規模ではないから、消費税の『事業者が事業として』というところに該当しないということで課税対象外取引なんじゃないの？」などというような

ことをしばしば耳にします。確かに雑所得は事業的規模ではないため、所得税においては「事業」とはされないのですが、この所得税の概念を消費税に持ち込んでもよいのでしょうか？

　消費税法基本通達５−１−１にはこのように書かれています。

☆★☆★☆★☆★☆★☆★☆★☆★☆★☆★☆★☆★☆
（事業としての意義）

　５−１−１　法第２条第１項第８号《資産の譲渡等の意義》に規定する「事業として」とは、対価を得て行われる資産の譲渡及び貸付け並びに役務の提供が反復、継続、独立して行われることをいう。

☆★☆★☆★☆★☆★☆★☆★☆★☆★☆★☆★☆★☆

　これによると、事業的規模でない業務についても資産の譲渡及び貸付け並びに役務の提供が反復、継続、独立して行われていれば消費税では「事業」に該当することとなり、所得税のそれとは全く異なる概念となります。

　第３章で説明した通り、所得税の事業的規模はメシの種所得として生活の糧となる所得であることから、種々の優遇措置を施すための概念でした。消費税はいわゆる物的課税の税目なので、このように生活の糧になる取引なのかどうかは全く関係ありません。

　したがって、**事業的規模以外の不動産所得や山林所得、雑所得についても反復、継続、独立して行われていれば消費税では事業として取り扱う**ことになります。

② 消費税をどのくらい転嫁したかを示す材料

　課税売上高のもう１つの重要な役割として、消費税をどのく

らい次の流通段階に転嫁したのかを示す材料になるということが挙げられます。このことは転嫁税たる消費税を理解し、実務に生かしていく上で大変重要なことなのですが、仕入税額控除の仕組みに関係する部分が多いので、詳細は後述することにします。

## 4　消費税の世界で取り扱う取引、取り扱わない取引

①　課税対象外・非課税・免税・課税の区分

　　所得税に例えると消費税の課税売上は所得税の合計所得金額、仕入れに係る消費税額は所得控除のようなものといえるかもしれません。

　　所得税においては、納める所得税額にかかわらず、児童手当の支給や後期高齢者医療の１割負担or３割負担などといった行政上の施策は合計所得金額を元に判定されることが多いですし、実際の税額計算は所得控除の計算を経て行われます。

　　これに対し、消費税では小規模事業者や中小事業者の判定（すなわち、事業者の規模の判定）は基準期間の課税売上高で行いますし、納付税額の計算は仕入税額控除を経て行われます。

　　つまり、納税者の規模を表すのに**消費税では課税売上高、所得税では合計所得金額を使い、様々なところに影響を及ぼすの**に対し、**消費税の仕入税額控除や所得税の所得控除は単に納付税額の計算過程の１つに過ぎない**ということとされていて、こういう見方をすれば両者はよく似た構造となっていると思うのです。

　　このように、消費税の課税売上高は納税者の規模及びその規模に応じた各種の施策（免税や簡易課税の選択、課税売上高５億円以下の全額仕入税額控除など）の適用に影響があります。

　　ここで問題になるのが、事業者の収入のうち、どこまでを消費税の計算に入れるのかということです。これを明確にしておかないと税額計算の仕方にも大きな違いが生じてしまい、税務行政の執行を困難なものとしてしまいます。

　　そこで、事業者の収入を１．消費税の計算の対象に入ってこ

ないものを「**課税対象外取引**」、２．課税対象となる取引のうち、様々な理由から課税されないものを「**非課税取引**」、３．同じく課税対象となる取引のうち、海外に我が国の消費税の影響を及ぼさないために課税を免除されたものを「**免税取引**」、４．同じく課税対象となる取引のうち、非課税取引にも免税取引にもならないもの（課税標準額を構成する取引。本書では「**課税される取引**」と呼ぶことにします）、の４つに区分して事業者の規模の判定や控除対象仕入税額の計算に利用しているのです。

〈**消費税における取引の分類**〉

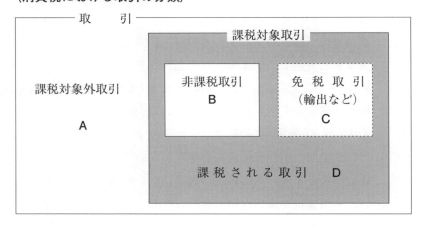

② 取引を４つに区分するための３つのフィルター

㋑ 第１フィルター

これはいわゆる、「課税４要件」と呼ばれているものです。この課税４要件を１つでも満たさないとこのフィルターに引っかかってしまい、「課税対象外取引」となります。上図でいうとAの取引ということになりますが、ここに区分された取引は**消費税の計算の世界に入ってこないことになります**。

（例）海外で販売した物品、趣味で所有していたゴルフ用品
　　　の売却、配当金、保険金、損害賠償金、寄附金など

---

【参　考】課税4要件
1．国内において行った取引であること
2．事業者が事業として行った取引であること
3．対価を得て行った取引であること
4．資産の譲渡及び貸付け並びに役務の提供であること

---

㈹　第2フィルター

　　課税4要件を全て満たし、第1フィルターを通過した取引
　は消費税の計算の世界で取り扱う取引になるため、これらを
　まとめて**「課税対象取引」**といい、消費税法では「資産の譲
　渡等」と表現しています。ただし、課税対象取引となったか
　らといって全て10％が課せられるのかというとそうではなく、
　様々な理由から消費税を課税しない取引が2グループ存在し
　ます。その一つがこの第2フィルターです。

　　ここでは、消費税の課税対象取引に該当しながらも課税の
　趣旨になじまず、あるいは国民感情への配慮といった意味合
　いから消費税を課さない（非課税）こととされたものをピッ
　クアップします。この消費税を課さない取引については別表
　第一（輸入取引については別表第二）に限定列挙されており、
　これらに該当するもののみこのフィルターに引っかかり、
　「非課税取引」となります。

（例）土地の譲渡及び貸付け、利子や保証料、保険料、保険
　　　診療、身体障害者用物品の譲渡及び貸付け、教科用図
　　　書の譲渡、住宅の貸付けなど

㈥　第3フィルター

課税対象取引のうち、輸出として行われるものや輸出物品販売場で行われるものについては、我が国の消費税を国外の消費者に負担させることがないよう、消費税を免除する（免税）こととされています。非課税と免税の違いは、その取引に係る課税仕入れが控除できるかどうかということですが、これについては後述します。

　これが3つ目のフィルターになるのですが、これら3つのフィルターを全て通過した取引が晴れて（？）課税される取引となるのです。この免税取引と課税される取引をまとめて消費税法では「課税資産の譲渡等」と表現しています。

## 5 消費税の最終負担者は誰？

　消費税を取り扱う中でよく理解しておきたいのはこの部分です。普段、消費税の最終負担者は誰なのかということを意識することはあまりありませんが、めったに出てこない判断に悩む取引が出てきたときにこのことを知っているのと知らないのとでは処理の正確性や正解に辿り着くまでの時間に大きな差が生じることでしょう。

　実は、この部分は**仕入税額控除に大きな影響を与える**のです。消費税に関する書籍や講演などでもあまり強調されることがないように思われますので、改めて触れておくことにしましょう。

　消費税は転嫁税ということで、流通の川上から川下にかけて順送りされ、最終負担者が10％（軽減税率の適用があるものについては８％）の税負担をするものとされています。このことから、消費税は流通の中途において転嫁する事業者ではなく、最終負担者が負担することとされていることが分かります（流通の中途において納税は出てくるが、次の流通段階に転嫁することができている限りは納税する事業者の負担ではない）。

> では、消費税の最終負担者とは一体、誰なのでしょうか？

　一般に広くいわれているのは「消費者」です。確かに消費者は流通の最も川下に位置しますから、最終負担者となります。しかし、消費者以外で最終負担者となる人はいないのでしょうか？すなわち、事業者は消費税の負担を全くしなくてよいのでしょうか？

　皆さんは、お医者さんの団体が保険診療報酬を非課税取引から外し、課税取引（免税）とすべきとの運動をしているというニュースを聞いたことはないでしょうか？これを控除対象外消費税問題と呼

んでいらっしゃるようですが、平たくいうと、保険診療報酬について消費税を課するということは国民感情の面から極めて難しいものがあるため非課税とされているところ、その保険診療報酬を得るために支出した薬の仕入代や機械・器具の購入代、さらに病院の建物の購入・建築代などに係る消費税は還付されないため、これらの還付されない消費税（控除対象外消費税）が病院や医院の経営を圧迫しているので、これを還付することができるようにすべく、免税取引にしてもらいたいということです。

　これこそが**事業者が負担している消費税**の最たるものではないでしょうか？

　この例からも分かる通り、消費税の最終負担者は「**次の流通段階に消費税を転嫁することができなくなった人**」であり、消費者はもちろん、非課税売上を計上する事業者もこれに含まれるのです。ただし、輸出する事業者については次の流通段階に消費税を転嫁していませんが、輸出売上に係る課税仕入れの消費税は**国外への転嫁を防止する意味合いから全額控除が認められている**ため、この部分について事業者が負担することはなく、非課税売上を計上する事業者とは分けて考える必要があります（輸出は税率０％で転嫁したと考える、という説明を聞くことがありますが、的を射た表現だと思います）。

## 6　仕入税額控除

　話題を税額控除の方に移します。消費税はお客様から収受した対価の10％（仮受消費税）と業者に支払った対価の10％（仮払消費税）の差額を納める税金ですが、この仮払消費税の控除についてはその考え方をしっかりと押さえておく必要があります。

　① 非課税売上に係る仮払消費税を控除できないのは何故？

　　まず、次の2つの例について仮払消費税のそれぞれの取扱いを考えてみましょう。

1．薬局（当社）が医薬品販売業者から仕入れた薬を自由診療で売った場合

仕入・経費等　700円　　　　当社　　　　売上　　1,000円

税　　　　70円　　　　　　　　　　　税　　　　100円

（計　770円支払）　　　　　　　　（計　1,100円受領）

2．薬局（当社）が医薬品販売業者から仕入れた薬を保険診療で売った場合

仕入・経費等　700円　　　　当社　　　　売上　1,000円

税　　　　70円　　　　　　　　　　　税　　　非課税

（計　770円支払）　　　　　　　　（計　1,000円受領）

　　上記1．の事例、2．の事例ともに仕入れたのはシップ薬だとしましょう。それを1．の事例では処方箋なしで販売し、2．の事例では処方箋の指示通りに販売した訳ですが、全く同じ商品、同じ値段でありながら、医薬品販売業者に支払った消費税

部分の70円の取扱いは全然違いますね。すなわち、1．の事例では70円全額が仕入税額控除できるのに対し、2．の事例では1円も仕入税額控除することができません。これは何故でしょうか？

② 非課税売上に係る課税仕入れをどうするか？

　時はバブルで国内が湧いていた昭和の末期にさかのぼります。当時、消費税法を作った人は非課税取引についてあるジレンマを抱えていたのではないでしょうか？それは、非課税売上にヒモがつく仮払消費税のことです。

　消費税の課税4要件を全て満たし課税対象取引に分類されるけれども、消費税の趣旨や国民感情などから消費税を課するのは適当でない取引について限定列挙という形で非課税としたままではよかったのですが、2．の事例のように、それに要した仮払消費税の控除を認めると還付になってしまうのです。

　本来、非課税取引はそれ自体、恩恵として規定されているはずです。なのに、売上には消費税が課されない上に、それに要した仮払消費税の控除を認めて還付するのは二重の恩恵になってしまい、これはさすがに行き過ぎだということになったのではないでしょうか。

③ 仕入税額控除を転嫁の面から考えてみる

　転嫁税の性質を今一度考えてみましょう。転嫁税は流通の川上から川下にかけて次の段階に転嫁していき、最終的に消費者が10％だけ負担することになる訳です。1．の事例のように次の流通段階に消費税を転嫁している場合には、それに要した仮払消費税の控除を認めないと消費税が雪だるま式に増え、エンドユーザーの手許に渡るときには取引価格が税抜価格の数倍に

膨れ上がってしまうということも考えられます。これを避けるために次の流通段階に消費税を転嫁している取引（課税売上）についてはそれに要した仮払消費税を全額控除することを認めているのです。

これに対し、非課税売上については次の流通段階に消費税を転嫁しません。これについてそれに要した仮払消費税の控除を認めると為政者の意図しない結果を招くことになりますから、**仮払消費税については次の流通段階に消費税を転嫁したと認められるものに限り控除を可能とした訳です。**

このような取扱いから、お医者さんのように非課税売上を計上する事業者は消費者同様、消費税の最終負担者とされることになってしまったのです。

④　課税売上割合って何？

仮払消費税については次の流通段階に消費税を転嫁したかどうかで控除可能か不可能かが決まるということまで説明しました。しかし、世の中の取引は全て課税売上又は非課税売上のどちらかに必ず直接ヒモがつく、という訳ではありません。

例えば、先程の例に挙げた薬局の電気代やリース料などは課税売上を計上するためにも必要ですし、非課税売上を計上するためにも必要です。このようなものについては、次の流通段階に消費税を全額転嫁している訳ではないので全額控除を認める訳にもいきませんし、だからといって全く控除を認めないというのも不適切といえるでしょう。

そこで、このような仮払消費税については「**ある合理的な割合**」**を掛けたものだけ控除を認めてはどうか**ということになったのです。

この「ある合理的な割合」ってどのようなものでしょうか？

「割合」ですから、分子と分母で表すことになります。

　分子は**消費税を転嫁した取引の額（免税売上高を含む課税売上高）**ですね。では、分母は？？取引の全額でしょうか？取引の全額にしてしまうと、例えば、多額の配当金や保険金、損害賠償金などを受領した事業者の割合は小さくなってしまい、かわいそうです。つまり、消費税の計算に関係のない取引は除いてやらないと合理的とはいえないということになるのです。そこで、分母は消費税の計算の世界で取り扱うことになっている取引、すなわち、**課税4要件全てを満たした取引の額（免税売上高を含む課税売上高＋非課税売上高）**となるのです。

　これにより、「ある合理的な割合」を一言で表すと、「**消費税の計算の世界で取り扱われる課税4要件全てを満たした取引総額のうち、次の流通段階に消費税を転嫁した取引の額の割合**」ということができます。この割合のことを我々は**課税売上割合**と呼んでいるのです。

⑤　個別対応方式と一括比例配分方式

　個別対応方式により控除税額を計算する場合には、まず、仮払消費税を1．課税資産の譲渡等にのみ要するもの、2．非課税資産の譲渡等にのみ要するもの、3．その他（課税資産の譲渡等と非課税資産の譲渡等に共通して要するものとされていますが、理解しやすくするためにこのように呼ぶことにします）の3つに区分することになります。

　このうち、1．については次の流通段階に消費税を転嫁していますから全額控除することになりますし、2．については次の流通段階に消費税を転嫁せず、消費税の最終負担者となる部分なので一切控除することができません。3．については「ある合理的な割合」、すなわち、課税売上割合（他に合理的な割

合がある場合には課税売上割合に準ずる割合の承認を受けて、その割合を用いることもできます）を乗じて計算した金額だけ控除することになります。この計算方式は消費税の考え方に最も忠実に従ったものといえるでしょう。

　しかし、この個別対応方式にも欠点があります。それは、仮払消費税を３つに区分しなければならないため、事務負担が大きくなるという点です。

　これをカバーするために簡易的な計算方法が設けられています。それが一括比例配分方式で、仮払消費税を区分することなく、全体に課税売上割合を乗じたものを控除するというものです。この方法による場合、**２年継続要件**がありますから、一旦、一括比例配分方式で計算したら翌年に個別対応方式で計算することはできません。なお、２年目が免税、簡易課税又は全額控除の場合には２年継続要件を満たしたことになり、さらにその翌年に個別対応方式によることは可能です。

⑥　課税売上割合が95％以上の場合に全額控除が認められているのは何故？

　ここまでの説明で疑問に感じられたことはないでしょうか？それは、仕入税額控除の原則は全額控除ではないのか、ということです。

　消費税法第30条では第１項に全額控除の規定があり、第２項に個別対応方式と一括比例配分方式の規定があるため、全額控除が原則的な取扱いと考えることは、間違いとはいえないでしょう。

　しかし、非課税売上に係る仮払消費税を控除して還付を受けることができないことの意味合いを考えると、やはり、個別対応方式が消費税の税額控除の原則と考えざるを得ません。それ

196

では、なぜ、課税売上割合が95％以上の場合には全額控除を認めているのでしょうか？

それは、**非課税売上の金額が割合的に僅少**だからです。先程述べた通り、個別対応方式には事務負担がかかります。我が国の事業者の大多数は非課税売上はほんの僅かしかないのに、そのような事務負担を強いることはあまりにも非効率です。

そこで、課税売上割合が95％以上の場合、つまり、<u>非課税売上が課税対象取引の５％以下であれば</u>、消費税の最終負担者である部分の取引がほとんどないものとして全額控除してもよいということになったのです。

ちなみに、税法で５％というと、みなし役員の本人持ち株割合要件や譲渡所得の概算取得費、固定資産税における家屋及び償却資産の最小評価限度額、一昔前の耐用年数経過時の減価償却限度額などが連想されますが、いずれも「全くないという訳ではないけれども、ほんの少し」というニュアンスがあるように思われます。課税売上割合もそのように取り扱うこととされたのでしょう。

なお、その課税期間における課税売上高が５億円超となる場合には割合的には僅かでも金額的には無視できないとして、2011年度税制改正により、課税売上割合が95％以上であっても個別対応方式又は一括比例配分方式によって計算することとされました。

⑦　免税取引に係る仮払消費税の控除を認めているのは何故？

最後に、免税取引の仕入税額控除です。免税取引も非課税取引同様、次の流通段階に消費税を転嫁していないのですが、こちらは仮払消費税の全額控除を認めています。ですから、輸出を主な事業としている事業者は控除不足仕入税額の還付を行う

申告となります。これも例を挙げて考えてみましょう。

仕入・経費等　７００円　　当社　　売上　１，０００円

税　　　７０円　　　　　　　　税　　　　免税

（計　　７７０円支払）　　　　　（計　　１，０００円受領）

　この取引において、業者に支払った仮払消費税70円を非課税同様、還付されないとなったらどうなるでしょうか？私なら、損はしたくないので、その70円を売価に乗せることを考えますね。実は、非課税売上を計上する事業者もできる限りにおいて売価に乗せているのだと思いますが、免税取引で売価に乗せられるととても都合が悪いことが起こります。それは、**我が国の消費税が国外の消費者に転嫁されてしまうこと**です。

　消費税は内国税なので、国外に転嫁されることがないように立法するのが国際的な慣行となっているようです。そこで、輸出については消費税が国外に転嫁されることのないよう、仮払消費税の全額控除を認め、控除不足額については還付することとされているのです。

## 7 原則課税の仕入税額控除の2つの調整

　消費税の原則課税における納付額の計算は仮受消費税と仮払消費税の差額を納め、マイナスになれば還付になるということで概ね間違いではありません。課税売上割合が95％未満の場合や、その課税期間の課税売上高年換算額が5億円を超える場合には個別対応方式又は一括比例配分方式により控除税額を計算するため、仮払消費税の控除に制限がかかる。これもその通りです。

　ここまで理解が進んだら、もう2つ、仕入税額控除の調整をマスターしましょう。それは、棚卸資産に係る消費税額の調整と調整対象固定資産に係る消費税額の調整です。

　会計の世界でも棚卸資産と固定資産はその会計年度でだけ取り扱われるのではなく、会計年度を超えて損益に影響する項目です。なぜなら、棚卸資産は費用収益対応の原則により、収益と個別的対応関係にある原価などの費用項目のうち、期末までに収益が計上されなかったものに対応する部分を翌期以降に繰り延べるための勘定科目ですし、固定資産は減価償却を通じて取得した会計年度のみならず翌期以降、耐用年数に応じてその取得価額が配分されるからです。

　消費税は課税期間における資産の譲渡等と課税仕入れの状況だけで計算される建前になっていますが、やはりそれでは課税の公平を保つことができない場合が存在します。そのような少し特殊な場合に備え、消費税法において仕入税額控除の調整が規定されているのです。

　棚卸資産に係る消費税額の調整は期首棚卸資産に係る消費税の調整（免税⇒原則課税）と期末棚卸資産に係る消費税の調整（原則課税⇒免税）、調整対象固定資産に係る消費税額の調整は課税売上割合が著しく変動した場合の取扱いと転用した場合の取扱いにそれぞ

れ分かれますので、順に確認していきましょう。

① 棚卸資産に係る消費税額の調整（消費税法第36条）
　(イ)　概要
　　　会計においては、棚卸資産はそれが販売された時に費用となりますが、消費税は販売時期にかかわらず仕入の時に仕入税額控除が行われます。通常の場合はそれで何ら問題がないのですが、免税事業者から原則課税になる場合と、原則課税から免税事業者になる場合に課税売上とのバランスが問題になります。
　(ロ)　免税事業者が課税事業者（原則課税）になる場合
　　　まず、免税事業者が原則課税になる場合から考えてみましょう。
　　　免税事業者であった期間に仕入れた商品などについては、仕入れた時に消費税を仕入先に支払っていますが、確定申告を行わないため課税仕入れとすることはできません。しかし、この商品が課税事業者（原則課税）になってから販売された場合には売上に係る消費税の負担だけ出てきて、商品仕入れ時の仮払消費税が控除できないことになります。
　　　消費税は課税期間内における取引のみから計算する税目とはいえ、これではあまりにかわいそうです。そこで、このような場合には、免税事業者であった最後の課税期間末に所有していた棚卸資産に係る仮払消費税相当額を最初に原則課税になった課税期間の課税仕入とする調整が行われるのです。もちろん、仕入税額控除の規定ですから、適用を受ける棚卸資産の明細を記載した書類の保存義務があります。
　　　この取扱いは、相続により被相続人の事業を承継した原則課税の相続人が、被相続人が免税事業者であった期間に仕入

れた棚卸資産を引き継いだ場合も同様です。

(ハ)　課税事業者（原則課税）が免税事業者になる場合

　　　これとは逆に、原則課税の課税事業者が免税になる場合はどうでしょうか？

　　　課税事業者であった課税期間に仕入れた棚卸資産はその仕入れの課税期間において仕入税額控除の適用を受けています。しかし、この棚卸資産が販売されるのは免税事業者になってからです。すると、課税仕入れの控除だけが行われ、課税売上は計上されないことになります。

　　　これもバランスが悪いですから、免税事業者になる直前の課税期間末の棚卸資産に係る仮払消費税はその課税期間の控除対象仕入税額からマイナスしなければならず、仕入税額控除を受けることができないことになっています。

　　　なお、簡易課税から原則課税を経て免税事業者となる場合に、簡易課税であった課税期間に仕入れた棚卸資産が免税事業者となる際に残っている場合でもその棚卸資産については同様の取扱いとなります。


②　調整対象固定資産に係る消費税の調整１〜課税売上割合が著しく変動した場合（消費税法第33条）

(イ)　概要

　　　次は固定資産に係る消費税です。

　　　固定資産についても棚卸資産同様、仕入れ等の課税期間において仮払消費税が控除対象仕入税額として取り扱われます。通常はこれでよいのですが、普段は課税売上割合が30％くらいの課税事業者にたまたま課税売上割合が95％以上となる課税期間があったとして、この課税期間に設備投資を行ったら全額控除となります。この設備が非課税資産の譲渡等に係る

事業にも供されるものであった場合、控除し過ぎということになりませんか？

　逆に、普段は課税売上割合が95％以上となるのに、たまたま土地の売却などがあって課税売上割合が40％くらいとなった課税期間において設備投資を行ったら、本来は全額控除となるべきところ、仮払消費税の控除に制限がかかるかもしれません。これはこれでかわいそうですね。

　そこで、「普段の課税売上割合」と「設備投資を行った課税期間の課税売上割合」を比べて著しく変動した場合には固定資産に係る消費税を調整することになっているのです。

　なお、消費税法第9条第7項と第12条の4第1項・第2項、第37条第3項第三号・第四号などの規定により一定の調整対象固定資産や高額特定資産の課税仕入れを行った場合に、以後3年間、原則課税による納税義務を課しているのは、第3年度（仕入れ等の課税期間の開始の日から3年を経過する日の属する課税期間）においてこの規定の適用を強制的に受けさせることにより「普段の課税売上割合」で計算した仕入税額控除額を求め、実際の仕入税額控除額との差額を精算することに目的があります。

㈑　課税売上割合が著しく変動した場合とは？

　では、「課税売上割合が著しく変動した場合」とは抽象的な物言いですが、具体的にどのような場合がこれに該当するのでしょうか？

　消費税法施行令第53条第1項、第2項によると、次の2つの要件をいずれも満たす場合を指すようです。

・　変動率要件

　　（通算課税売上割合－仕入れ等の課税期間の課税売上割合）÷仕入れ等の課税期間の課税売上割合≧50％

・　変動差要件

　　通算課税売上割合－仕入れ等の課税期間の課税売上割合
　≧５％

　　※上記２要件において、「通算課税売上割合－仕入れ等
　　　の課税期間の課税売上割合」は大きい方から小さい方
　　　を差し引くこととし、単位はパーセントで考慮するも
　　　のとします。

　文字で説明しても分かりづらい部分なので例を挙げて説明
します。

　仕入れ等の課税期間の課税売上割合が1,400万円／1,500万
円（93.3％）、その翌課税期間の課税売上割合が500万円／
3,600万円、そのまた翌課税期間に当たる第３年度の課税売
上割合が300万円／4,900万円の場合、通算課税売上割合は
「３課税期間の分子の合計／３課税期間の分母の合計」とな
りますから、2,200万円／10,000万円（22.0％）となります。

　すると、変動率要件は（93.3％－22.0％）÷93.3％≒
76.4％≧50％、変動差要件は93.3％－22.0％＝71.3％≧５％
となりますから、いずれも要件を満たすこととなり、「調整
あり」となるのです。

　逆にいうと、調整対象固定資産についてこの調整を避けた
いと思ったら、仕入れ等の課税期間の課税売上割合は高い割
合であると思われますから、通算課税売上割合を50％超とす
るなど変動率要件を満たさないように計画・実行すればよい
ということになります。

(ハ)　調整対象固定資産

　建物、構築物、機械及び装置、船舶、航空機、車両及び運
搬具、工具、器具及び備品、鉱業権その他の資産で棚卸資産
でないもののうち、一取引単位の**税抜支払対価の額が100万**

円以上のものをいいます（消費税法第2条第十六号、消費税法施行令第5条）。

㈡　調整の具体的内容

　　上記㈭の例に挙げた課税売上割合を用いて第3年度の仕入税額控除額をどのように調整するのかを説明します。

　　税抜1億円の本社ビル（共通仕入れとなる）を購入した場合、仮払消費税が1,000万円計上されます。この課税期間の課税売上割合は93.3%ですから、1,000万円×93.3%＝933万円を控除対象仕入税額としています。

　　ところが、第3年度の確定申告の際、通算課税売上割合が22.0%となり、「課税売上割合が著しく変動した場合」に該当することになりました。本社ビルの購入に係る仮払消費税に通算課税売上割合を掛けると、本来、1,000万円×22.0%＝220万円しか控除することができなかったものについて933万円控除を行っていた訳ですから、第3年度の本来の控除税額がこれらの差額の713万円分だけ小さくなる調整を行います。この場合、納付税額は通常より713万円増えることになります。⇒消費税申告書付表2－1の㉑にマイナスで記載します。

　　なお、通常は高い課税売上割合なのにたまたま土地の譲渡があり、課税売上割合が低い課税期間に設備投資したことにより仕入税額控除が制限されてしまった場合には、「課税売上割合が著しく変動した場合」に該当すれば、通算課税売上割合を使って求めた本来控除されるべき税額と実際に控除した税額の差額は第3年度の本来の控除税額に加算され、納付税額はその分だけ小さくなります。⇒消費税申告書付表2－1の㉑にプラスで記載します。

③　調整対象固定資産に係る消費税の調整２〜転用した場合（消費税法第34条、第35条）

　　課税売上割合が著しく変動した場合の調整は慣れないと頭が混乱するかもしれません。調整対象固定資産に係る消費税の調整はもう１つあるのですが、安心して下さい。こちらはすごく簡単です。

　㈠　概要

　　　消費税の課税仕入れの区分（課税売上のみ対応、非課税売上のみ対応など）については、課税仕入れの時の現況により判断されます。しかし、調整対象固定資産はある程度長く使用するものですから、使っているうちに用途を変更することもあります。

　　　そこで、当初課税売上のみ対応分として全額控除対象仕入税額としていたものを仕入れ等の日から３年以内に非課税売上のみ対応する業務の用に供した場合には、一定の調整額がその用途変更の課税期間の本来の控除税額から控除され、その分だけ納付税額が増えます。⇒消費税申告書付表２−１の㉒にマイナスで記載します。

　　　逆に、仕入れ当初は非課税売上のみ対応分として全く控除対象仕入税額としていなかったものを仕入れ等の日から３年以内に課税売上のみ対応する業務の用に供した場合には、一定の調整額がその用途変更の課税期間の本来の控除税額に加算され、その分だけ納付税額が減少します。⇒消費税申告書付表２−１の㉒にプラスで記載します。

　㈡　調整額

　　　用途変更の課税期間において控除対象仕入税額から控除し、又は加算する金額は、仕入れ等の日から用途変更の日までの期間別に次のように定められています。

・　１年以内の場合…仮払消費税の全額

・　１年超２年以内の場合…仮払消費税×２／３

・　２年超３年以内の場合…仮払消費税×１／３

(ハ)　居住用賃貸建物を課税賃貸用に供した場合又は譲渡した場合の調整

　　調整対象固定資産に係る消費税の調整とは全く別の規定なのですが、転用の調整によく似ていますので、これもついでに確認してしまいましょう。

　　2020年10月１日以後、高額特定資産又は調整対象自己建設高額資産に該当する居住用賃貸建物を購入しても居住用賃貸部分に係る消費税は課税仕入れを行うことができなくなりました。この部分の消費税は非課税売上のみ対応とすることを強制されたようなものです。

　　ところが、しばらくしてこの居住用賃貸建物を店舗などとして貸し付けた場合には、以後、課税売上が計上されるため、仕入税額控除とのバランスが取れなくなってしまいます。

　　そこで、居住用賃貸建物を第３年度の課税期間末までに所有しており、その間に居住用以外の用途で貸し付けた場合、その建物の購入に係る仮払消費税に課税賃貸割合（建物の仕入れ等の日から第３年度の課税期間末までの期間のその建物の税抜課税売上高／同期間のその建物の税抜課税売上高と非課税売上高の合計額）を掛けたものを第３年度の本来の控除対象仕入税額に加算することになっているのです。

　　一方、居住用賃貸建物を売却した場合にも課税売上が計上される訳ですが、この場合にも仕入税額控除とのバランスが取れなくなります。

　　そこで、居住用賃貸建物を第３年度の課税期間末までに売却した場合には、その建物の購入に係る仮払消費税に課税譲

渡等割合（建物の仕入れ等の日から売却の課税期間末までの期間のその建物の税抜課税売上高と税抜売却額の合計額／同期間のその建物の税抜課税売上高と非課税売上高、税抜売却額の合計額）を掛けたものを売却した課税期間の本来の控除対象仕入税額に加算することになっています。

## 8 消費税の要件課税たる部分について

① 課税は実態に即して行われるべきとする考え方

　租税は基本的に実態に即して課されるべきといわれます。すなわち、行われた事実に忠実に従って課税を行うべきとする考え方です。私も公平たるべしとされる税の取扱いにおいてこの考え方には賛成ですが、理想と現実の間には大きな壁があり、これだけではなかなか税務行政の執行はできません。なぜなら、税務署の職員が四六時中、納税者の背後からその行動を見ていて全ての取引を確認する訳にはいかず、また、租税法律主義を規定している日本国憲法第84条との兼ね合いがあるからです。

② 実態に即した課税の補完機能としての要件課税

　そこで、実態に即して課税を行うという建前を置きながらも、取引の全容を確認することができる**証拠（主に書類）の保存**により後から振り返ることができるようにしておくことを義務付けることで実務が行われているというのが現実です。ここでは、**この保存された証拠によって事実を類推し、課税を行う方法を形式課税**と呼び、さらにその保存自体を税額計算の要件としているものを要件課税と呼ぶことにします。

③ 消費税における要件課税

　消費税は転嫁税であるため、免税事業者や簡易課税の例外を除けば、流通の最も川下に位置する最終負担者が負担する消費税の総額と、流通の各段階においてそれぞれの事業者が納めることになる消費税の合計額は基本的に一致するはずです。

　しかし、これらの金額の一致は取引の存在及び受払された対

価の真実性の担保があることを前提とします。つまり、流通段階のある事業者が架空の課税仕入れをでっち上げ、消費税額を不当に小さくして納めた場合にはこの一致は実現されず、したがって、**国庫の歳入の安定化が図られない結果**となります。

　これを避けるために、消費税の原則課税による課税仕入れには帳簿及び請求書等（1997年3月31日以前の課税仕入れについては帳簿又は請求書等）の保存を義務付け、これがない課税仕入れについては仕入税額控除を認めない旨、立法されたのです。これが消費税の要件課税の部分です。

　消費税は、計算は簡単なのですが、細かくて範囲が広い税目です。
また、転嫁税ということで、法人税や所得税といった所得課税の
税目とは一線を画す、独特の税体系を有しています。いつも出てく
るような取引ばかりだとそんなに難しくないのですが、少し特殊な
取引が出てきたり、改正が入ったりすると途端に迷ってしまうこと
が多くなる税目でもあるのです。多少のことでは迷わないようにす
るため、ここで押さえるべき消費税の性質をまとめてみましょう。

① 　消費税は転嫁税なので、同じ取引について売り手と買い手の
　　処理は同じになるということ

② 　原則課税と簡易課税は全く別のものではなく、違うのは控除
　　対象仕入税額の部分だけだということ

③ 　課税売上高は所得税でいう合計所得金額のような役割があり、
　　これによって中小事業者や小規模事業者の線引きを行い、簡易
　　課税や免税といった選択肢が用意されているということ

④ 　消費税では取引が、まず、「課税対象外取引」と「課税対象
　　取引」に区分され、後者についてはさらに「非課税取引」「免
　　税取引」「課税される取引」の３つに区分されるということ

⑤ 　消費税の最終負担者は「次の流通段階に消費税を転嫁するこ
　　とができない人」とされ、**エンドユーザーは消費税を対価に上
　　乗せして支払うことにより、非課税売上を上げる事業者は仮払
　　消費税の一部又は全部を税額控除しない**ことにより、それぞれ
　　負担することになるということ

⑥ 　このような消費税の仕組みから、仕入税額控除の考え方とし
　　ては個別対応方式が原則であり、課税売上高とのヒモのつき具
　　合に応じて控除額が変わるということ（課税売上割合の意味合

いも）

⑦　消費税は原則的に課税期間内の取引についてのみ計算の対象
　とするが、棚卸資産と調整対象固定資産については仕入税額控
　除に調整が入る場合があるということ

⑧　輸出については国外の消費者に日本の消費税が転嫁され、負
　担させることのないよう、国際的な慣習に則り、全額仕入税額
　控除可能としていること

⑨　消費税は形式課税の部分が大きく、帳簿及び請求書等の保存
　が仕入税額控除の要件となっているので留意すること

# 第 6 章

# 消費税法の規定を超具体的にひも解いてみる

消費税法は誰が読んでも同じ処理となることを目指して作られたと言われています。しかし、法律の条文というものは例外なきよう網羅性が求められますから、得てして抽象的な表現になりがちです。

　そこで、本章では消費税のグレーゾーンを処理するために、消費税法の規定で用いられる表現について、取引に即して超具体的なものにしていきたいと思います。

## 1 　国内取引をこのように考える

① 　国内取引の重要性と意義

　　消費税は我が国の内国税なので、課税の対象とする取引は課税売上、課税仕入れともに国内において行われるものに限定されます。このため、いわゆる消費税の課税4要件は最初に「国内において」ということを謳っているのです。逆にいうと、国内において行われないものについては消費税を考える対象とはならないということになります。

　　また、消費税における国内取引の考え方には仕向地課税主義と原産地課税主義があり、前者はどこで消費されるかということに、後者はどこで生産されたものかということにそれぞれ着眼点を置いたものですが、**我が国の消費税は仕向地課税主義を採っています。**

② 　国内取引の範囲

　　取引の態様に応じてそれぞれ次のように定められています。ここで国外取引とされるものについては課税4要件を満たさないため、原則的に課税対象外取引とされ、消費税の計算には関係させないことになります。

(イ)　資産の譲渡又は貸付け

　　**資産の譲渡又は貸付けが行われたときに所在していた場所**が国内かどうか

(ロ)　役務の提供

　　**役務の提供が行われた場所**が国内かどうか

　　なお、国内と国外との間で行われる運送や通信などについては、出発地（発信地）又は到着地（着信地）のいずれかが

国内であれば国内取引となる

(ハ) 電気通信利用役務の提供

電気通信利用役務の**提供を受ける者の住所等**が国内かどうか⇒仕向地課税主義による

③ これは国内取引？

(イ) 保税地域内で資産の譲渡・役務の提供を行った場合

保税地域は国内にありますから、ここで行われた資産の譲渡・役務の提供は当然に全て国内取引に該当します。

(ロ) Ａ国からＢ国へ資産を直送し、会計伝票上だけ国内を経由させた形とした場合

国内の商社がＡ国のＡ社から仕入れたものをＢ国のＢ社に販売する際などは通関コスト等の削減のためこのようなことが頻繁に行われますが、これは譲渡を行った場所が国内ではないため、国内取引に該当せず、消費税の課税の対象とはなりません。

Ａ国から仕入れたものをＢ国へ販売する取引が国内取引となるのは、Ａ国から一旦、我が国の輸入手続きを経て、それからＢ国へ輸出する場合です。

(ハ) 外航船舶等内で資産の譲渡・役務の提供を行った場合

外航船舶等が国内の港や空港などに着岸・着陸している状態でこれらの取引を行った場合には国内取引となります。我が国領海や領空を出た場所でこれらの取引を行った場合には国内取引に該当せず（国外取引）、消費税の課税の対象とはなりません。

(ニ) 当初、国内で貸し付けていたパソコンが国外に持ち出され、以後、国外で使用されることとなった場合

当初、国内で貸し付けていた期間のリース料は当然に国内

取引となりますが、その後、貸付物件を国外で使用されることとなった場合には、<u>当初契約において使用場所を特定してあり、その後両者の合意に基づいてなされた場合</u>に限り、その国外移転後は国外取引に該当することとされ消費税の課税の対象とはなりません。

　このような契約以外により貸し付けられたものについては、当初貸付けの場所が国内であれば、契約期間を通して全て国内取引として取り扱うことになります。

## 2　取引の事業性をこのように考える

① 取引の事業性の重要性と意義

　消費税の課税４要件の２番目は「事業者が事業として」、つまり、取引の事業性です。これがなければやはり消費税の課税の対象とはなりません。法人の取引は全て事業性ありと判断されますから、この２番目の要件は個人事業者のためのものであることが分かります。

　個人事業者には事業者としての一面と消費者としての一面がありますから、消費者として行った取引については消費税の課税の対象とはしない旨、規定したものです。

② 事業性の範囲

(イ) 事業者とは法人又は個人事業者をいう

(ロ) 所得税でいう「事業」よりは広く、同種の行為を継続、反復、独立して行っていれば所得税では事業的規模とされないもの（例えば雑所得となるようなもの）であっても事業とされる

(ハ) 事業付随行為についても事業とされるため、事業の用に供している固定資産の売却も課税対象となる

(ニ) 事業資金を用立てるために家事用資産を譲渡した場合には事業性なしとして取り扱う

③ これは事業性あり？

(イ) 税理士がゴルフの道具を売却した場合

　税理士はゴルフ用具の販売を事業としている訳ではありませんので、このような事業用以外の資産を譲渡しても事業性

はなく、消費税の課税の対象とはなりません。

㈣　個人事業者が事業用口座について受け取る利息

　　個人事業者の生活用口座について受け取る利息は事業性は
ありませんが、事業用口座について受け取る利息は事業性あ
り、とされ、課税の対象となります（源泉所得税や利子割も
含め、非課税）。

㈥　不動産貸付業ではない個人事業者が自身の店舗敷地の空い
ているところに立っている電信柱の敷地代金を受領した場合

　　不動産貸付業でない個人事業者が店舗敷地の一部を電力会
社に貸し付ける行為は、所得税的にいうと事業として行って
いる訳ではないのですが、継続・反復・独立して行われてい
ますので、消費税では事業性あり、として課税の対象となり
ます（土地の貸付けに該当するため、非課税）。

## 3 取引の対価性をこのように考える

① 取引の対価性の重要性と意義（P188参考より）

　消費税の課税4要件のうち、3．対価を得て行われる、という部分と4．資産の譲渡及び貸付け並びに役務の提供、という部分を合わせて対価性といっていますが、ここが課税4要件について実務上、最も頭を悩ませるところで、グレーゾーンも多く存在します。

【考　察】なぜ、消費税は対価があるものについてのみ課税の対象としているのかという疑問について仮説を立ててみる

　新たに租税を課す場合、必ず何に課税するのかということから議論が始まるのですが、課税期間を区切ってその間の取引について課税する場合にはいくつかの考え方が存在します。

　このような租税は所得税や法人税、消費税が代表的ですが、所得税は課税期間中に増えた純資産と同期間中に行った消費を課税の対象として、担税力への配慮からその獲得原因を10に区分して課税しています（包括的所得概念）。また、法人税は所得税とは異なり、「消費」がないので、税務上の純資産増加額を課税の対象としています。

　これらの所得課税の欠点は、景気変動などによって税収が増減してしまうということです。このことについて為政者の立場で考えてみましょう。とても都合が悪そうですね。

　そこで、税収の見込み額が景気に左右されずにほぼ確実に分かる税金として消費課税に白羽の矢が立ったのです。

国内の消費額については様々な統計が取られており、全体額を先読みすることは容易に可能ということができるでしょう。しかも、食料品や衣料品などの生活必需品は消費の相当部分を占めており、景気の影響を受けにくいのです。ここに課税することができれば、毎年の税収は安定します。言い換えれば、我が国の為政者は税収の安定を求めて消費税を導入・拡大してきたのでしょう。

こう考えると、為政者が税収を見込むことを困難にし、歳入の安定を妨げる取引を極力、課税対象から排除したいと考えるのは、ごく自然なことといえます。つまり、対価以外のお金が動く取引については臨時性が高いか、動く金額に大きな変動があるものと考えたのではないでしょうか？例えば、配当金については景気変動に左右されますし、損害賠償金や保険金などはそれこそ金額を見込むことは不可能です。寄附金や見舞金などもしかり。

こうした取引を課税対象から外し、おおよその年間見込み額が確実に読めるもの（つまり、対価性のある取引）だけを課税の対象とすれば、その全体額の10％ないし8％を国家予算の歳入見込み額とすることができます。こうすることによって人口統計などと合わせてみれば数年先の税収を容易に試算することができるので都合がよいのです。

ここで説明したことは私の仮定に過ぎないのですが、このように考えると為政者はどのような取引を消費税の課税対象としたのかをうすぼんやりではありますが、つかむことができるのではないでしょうか？

② 対価性の範囲
(イ) 商品の販売や役務の提供などの反対給付を受けた金額が対

価

(ロ)　対価は必ずしも金銭に限らず、債務との相殺、負担付贈与、現物出資なども対価とされる

(ハ)　逆に、反対給付のない取引（例えば、損害賠償金、配当金、保険金、寄附金、通常会費、祝い金・見舞金、補助金・助成金など）については対価性が認められないので、消費税の課税の対象とはならない

(ニ)　個人事業者が棚卸資産などの事業用資産を家事のために使用・消費した場合には対価は伴わない取引に該当するが、課税の公平性の確保の観点から、対価を得て譲渡したものとみなすことになっている

(ホ)　同様に、法人が資産をその役員に贈与した場合にも対価を得て譲渡したものとみなすことになっている

---

【参　考】私は対価性をこのような順序で判定しています

1．これは何をしたことの見返りとしてもらった（支払った）ものなのか

2．これは支払った（もらった）側では対価として処理されるべきものなのか

3．もし、このもらった（支払った）ものがなかったとしたら、なくなる取引は何なのか
　⇒例えば、コピー機のリース料の発生がなかったとしたらコピー機のリースという取引がなくなります。これは対価性があるからです。これに対し、保険金の支払いがなかったとしてもそれによってなくなる取引はありません。これは対価性がないからです。この「なくなる取引」がないお金のやり取りについては対価性

---

> なしと判断できることでしょう。

③ これは対価性あり？

(イ) 棄損した商品について加害者側から支払を受けた損害賠償
金

　例えば、運送会社が荷主から運送を引き受けた商品を運送
途中で棄損し、それについて損害賠償金を荷主に支払った場
合などは単なる損害賠償金なので対価性なしとなり、消費税
の課税の対象とはなりません。

　しかし、八百屋さんの店先に並べてあったリンゴが前を通
りかかった人の体が当たったことにより崩れ落ち、キズがつ
いて売り物にならなくなったことについてその人からリンゴ
の代金の弁償を受けた場合はどうでしょうか？これも普通に
考えると損害賠償金ですが、一方で、その人に商品を販売し
たともとれます。このように、棄損した商品が相手の手に渡
り、その相手がそのまま、又は軽微な修理などを加えること
によって使用・消費することができる状態である場合には対
価性あり、として消費税の課税対象とされます。

　これがリンゴではなく、ガラス工芸品店の商品を通りか
かった人が落としてしまい、こなごなになったことによって
代金の弁償を受けた場合には、弁償した人が使用・消費する
ことはできませんから、対価性なしとなります。

(ロ) 店舗のショーウィンドウが壊されたことに伴い、加害者側
から支払を受けた休業補償金

　休業補償金は、損害により事業を行うことができない期間
について、その期間の収益又は利益を補償する目的で支払わ
れるものです。所得税ではこの収入は事業所得に区分するこ
ととなっているため、消費税の対象になると勘違いしがちな

部分ですが、これは対価ではないため、消費税の課税の対象
とはなりません。

(ハ) 賃貸店舗の契約満了から遅れて物件の明け渡しがあった場
合に支払を受けた遅延損害金

　店舗の賃貸契約が切れ、直ちに物件を引き渡されなければ
ならない場合に、その引き渡しが遅れ、その遅れた部分の損
害賠償として貸主に支払われるものであっても、<u>実質的にそ
れは明け渡しが遅れた期間分の家賃とみることができますか</u>
ら、対価性あり、として消費税の課税対象となります。これ
は、特許権などの権利が侵害されたことにより収受する損害
賠償金も同様です。

(ニ) 「会費」と名の付くもの

　「会費」と名の付くものは実に様々あって、対価性ありと
されるもの、なしとされるものが混在します。おおむね、
「参加費」「施設の貸付け」「会員サービスの提供」という
キーワードがしっくりくるものについては対価性あり、そう
でないものは対価性なし、となるように思います。

　受け取る会費について確実に対価性なしとなる場合には、
支払側に課税仕入れとすることはできない旨、通知しておく
とよいでしょう。

・　対価性あり、となるもの
　　総会登録費やセミナー参加費などの**当日会費**、ゴルフ場
**やスポーツ施設などの会費や入会金、クレジットカードの**
**会費**　など

・　対価性なし、となるもの
　　町内会や商工会その他の任意団体や組合などの**通常会費**
など

(ホ) 個人事業者の事業廃止の際に売れ残ってしまった商品その

他の事業用資産

　個人事業者が事業廃止の際に売れ残ってしまった商品については、廃棄すれば消費税の問題は生じないのですが、それを家事転用すると**みなし譲渡**となり、消費税の課税対象となります。

　このことは商品のみならず、例えば、車両やコピー機、パソコン、店舗建物などの事業用資産についても同じ処理となります。この個人事業者の消費税のみなし譲渡については、2019年11月8日付けで会計検査院が「平成30年度決算検査報告の概要」[8]の274ページにて指摘を行い、国税庁に改善を求めたところなので、注意しておきたいところです。

㈭　法人所有の土地が収用された場合

　土地収用法などの法律により土地が収用された場合には、様々な名目で補償金が支払われることになりますが、その補償金ごとの対価性の有無は次のようになります。

・　対価補償金　これは収用の目的物の対価そのものですから、対価性あり
・　収益補償金　上記㈪同様、対価性なし
・　経費補償金や移転雑費　収用を基因として生ずる費用の穴埋めなので、対価性なし
・　移転補償金　これも経費補償金と同じ理由で、対価性なし

【参　考】上に建物が建っている土地について収用がある場合

---

8　会計検査院「平成30年度決算検査報告の概要」https://www.jbaudit.go.jp/report/new/summary30/pdf/fy30_gaiyou_zenbun.pdf

収用事業者が土地のみを収用の目的としている場合において、その土地の上に建物が建っているということはしばしばあります。収用事業者からすればこの建物はいらないためいずれ取り壊されるのですが、契約の内容によってこの建物に係る補償金の課税関係は変わってきます。

1．一旦、建物ごと収用して収用事業者の側で取り壊す場合

所有権が収用事業者に移転し、対価補償金が交付されることになるため、対価性あり

2．所有者側で取り壊して代替資産を取得し、移転費用の補てんとされた場合

これは単に収用に伴う移転費用の補てんと考えられ、移転補償金が交付されることになるため、対価性なし

(ト)　キャンセル料を受領した場合

キャンセル料はその性質が2通りあり、どちらの性質を有するかによって取扱いが異なります。それは、1．逸失利益の補てんとしての性格と、2．キャンセル事務手数料としての性格です。

前者は収益補償金と同じなので前述の通り、対価性はないのに対し、後者はキャンセル事務というサービスの対価ですから、対価性ありとなります。これらの区別がなされていない場合には全体を対価性なしとして取り扱うことになっています。

## 4　非課税をこのように考える

① 非課税取引の意義と趣旨

　　非課税取引は、課税4要件を全て満たしたもの、つまり、消費税の課税の対象とされるもののうち、取引の性質や政策的な配慮によって消費税の課税を行わないこととされたものをいい、別表に限定列挙という形で記載されています。

　　別表第一には国内において行われる資産の譲渡等についての非課税が、別表第二には保税地域から引き取られる外国貨物についての非課税がそれぞれ記載されていますが、後者については輸入許可通知書に納めた消費税等の記載がないことから、課税仕入れにならないことが明らかであり、実務上、ほとんど迷うところがないと思われるため、ここでは国内において行われる資産の譲渡等についての非課税のみ取り上げることにします。

② 非課税取引の範囲

⑷　土地の譲渡及び貸付け

⑵　有価証券の譲渡

⑶　預貯金の利子及び保険料を対価とする役務の提供

⑷　郵便切手類や売り捌き所における印紙・証紙の譲渡

⑸　商品券など物品切手の譲渡（自身が発行するものを除く）

⑹　国等が行う一定の事務に係る役務の提供

⑺　公証人が行う役務の提供

⑻　外国為替業務に係る役務の提供

⑼　社会保険医療の給付等

⑽　介護保険サービスの提供

⑾　社会福祉事業等に係る役務の提供

㊀　助産に係る資産の譲渡等

㋻　火葬料や埋葬料

㋕　一定の身体障害者用物品の譲渡及び貸付け

㋛　一定の学校教育に係る役務の提供

㋟　教科用図書の譲渡

㋹　住宅の貸付け　　など

③　これは非課税？

　㋑　切手や物品切手を購入した場合

　　切手類や物品切手の譲渡は非課税とされていますが、これらは１．切手や物品切手の購入⇒２．その切手や物品切手を対価として使用、の２段階にわたって取引されるものです。このうち、２．については完全に非課税でも何でもなく、10％がかかる取引なのですが、１．について非課税としておかなければ、１．と２．を通してお金を払うのは１回だけですから、その１回の支払いで２度課税仕入れが計上できることになってしまいます。だから、この１．の部分は非課税規定を置いておかなければおかしくなるのでこの部分が非課税とされているのです。

　　当然、２．の取引があって初めて課税仕入れとなる訳ですから、商品券を買って誰かにあげたなどというのは原則的に非課税です。自己の事業に使うものについては、２．の時点で課税仕入れとするのが原則ですが、継続適用を要件に１．の時点で課税仕入れとすることもできることになっています。

　㋺　自社発行の商品券

　　新型コロナウイルス感染症の影響で休業を余儀なくされた飲食店が当面の資金繰りの一環として、遠くない将来において〇割増しで使用できるプレミアム商品券を販売したとしま

す。この商品券の販売は物品切手等の譲渡として非課税取引に該当するのでしょうか？

この事例について考える前に、次の取引について考えてみましょう。「この同じ飲食店が当面の資金繰りの一環として、今、1万円を先に預けてもらえれば、遠くない将来において○割増しでサービスを提供するという約束で常連さんから1万円を先に受け取った」。この1万円をどのように処理しますか？

これはまだ役務提供の完了前、すなわち、権利確定前に頂いたお金ですから、後日、返して欲しいといわれれば返す必要があるものです。つまり、収益ではなく前受金などとして負債計上すべきものとなります。

自社発行の商品券もこの前受金と同じ性質がありますね。つまり、自社発行の商品券は課税売上とか非課税売上とかいう世界ではなく、単なる負債なので消費税の計算の世界には入ってこない（課税対象外取引となる）のです。

このことから、物品切手等のうち非課税取引とされるのは他社発行のものに限られるということが分かります。

(ハ) 税理士事務所がお客様の求めに応じて印紙を有償で譲渡した場合

印紙や証紙については、印紙売り捌き所に指定されているところで販売される分だけが非課税とされているため、税理士事務所など売り捌き所以外のところで譲渡されたものについては、非課税とはなりません。

このような取引について譲渡した側においては課税売上が計上されるものの、それに係る課税仕入れはありませんから、譲渡した人が消費税を丸々負担することになってしまいます。注意したいものです。

㈡　ごく短い間、資材置き場として借りていた更地の賃借料

建築業などで、１週間とか10日とかのごく短い間、資材置き場や駐車場などとして更地を借りることがあります。土地の貸付けは施設の貸付けに該当しない限り非課税とされていますが、１か月未満の期間の貸付けについては非課税取引から除外されています。

従って、支払側では課税仕入れになるとともに、受領側では課税売上を計上することになります。このことはウィークリーマンションなどの住宅の貸付けにおいても同じ取扱いです。

㈭　駐車場の賃借料

駐車場の賃借料は施設の貸付けに該当するため、原則として非課税取引とはなりません。ただ、舗装してなくて、白線やロープなどで区画表示もされていない、ただの空き地を借りて、「この辺り」に駐車しているだけという場合には土地の貸付けとして非課税取引となるものもあるようです。

また、更地を借りてその上に借り手側で舗装するなり白線を引くなりして駐車場とする場合にはその土地の賃貸借については土地の貸付けとして非課税になります（この取扱いは駐車場に限らず、更地を借りてその上に建物を建てる場合の土地の賃貸借も同様）。

また、アパートを借りる際に、使う、使わないにかかわらず１部屋に１台分の駐車スペースが割り当てられることとなっている場合にはこの駐車場分も含めて非課税となります（住宅の一部とみる）。ただし、この場合であっても２台目以降の駐車場代は非課税となりません。

## 5 　輸出免税をこのように考える

① 　輸出免税の意義と趣旨

　　輸出免税は課税対象外取引や非課税取引と違い、れっきとした課税売上です。この輸出免税は、我が国の内国税たる消費税を国外の消費者に負担させることのないよう、税率０％で国外に譲渡することとし、それに係る課税仕入れも国外に転嫁されると困るので控除を認めることとしたものです。非課税取引に係る課税仕入れは控除が認められていないため、輸出免税と非課税はこの部分が大きく異なることになります。

　　この取扱いは事業者に有利に働くため、帳簿保存要件などが設けられています。輸出免税を主な事業とする事業者は恒常的に還付申告となるケースが多いため、この点は気を付けておきたいところです。

② 　輸出免税の範囲

　(イ)　本邦からの輸出として行われる資産の譲渡又は貸付け

　(ロ)　外国貨物の譲渡又は貸付け

　(ハ)　国内及び国外にわたって行われる旅客・貨物の輸送

　(ニ)　外航船舶等の譲渡又は貸付け

　(ホ)　専ら国内と国外又は国外と国外との間の貨物の輸送の用に供されるコンテナーの譲渡若しくは貸付け又はそのコンテナーの修理

　(ヘ)　外航船舶等の水先、誘導等

　(ト)　外国貨物の荷役、運送、保管、検数、鑑定等

　(チ)　国内と国外との間の通信や郵便

　(リ)　非居住者に対する無形固定資産等の譲渡又は貸付け

(ヌ)　非居住者に対する役務の提供で一定のもの　　など

③　これは輸出免税？

(イ)　法人Aが非居住者Bに中古自動車を国内で販売し、それを
　　非居住者Bが自ら税関で輸出手続きを行って輸出した場合

　　　これは法人Aが輸出物品販売場の許可を取って、許可され
　　た販売場で譲渡されたものであれば輸出免税となりますが、
　　そうでなければ、通常の国内における販売ということになり、
　　輸出免税として取り扱うことはできません。中古車を輸出す
　　る場合には、当然に登録抹消してから行われる訳ですが、そ
　　れらの手続きも完了し、客観的に輸出されることが誰の目に
　　も明らかである場合であっても、です。

　　　これが消費税の要件課税たるところで、輸出免税の適用を
　　受けるためにはA社を輸出者とした輸出許可書の保存が要件
　　となっています。非居住者Bの名前で輸出されると、この輸
　　出免税の要件を満たさなくなるため、通常の国内取引と同じ
　　扱いとなるのです。

　　　なお、輸出物品販売場における資産の譲渡についても輸出
　　取引同様、書類の保存要件がありますので、そちらを満たし
　　ておく必要があります。

(ロ)　船荷証券を国内で譲渡した場合

　　　荷為替手形決済により外国貨物を輸入するときは、その手
　　形を銀行に持ち込み、代金決済を行うとともに船荷証券の交
　　付を受けます。その船荷証券が輸入品の引渡に必要となるの
　　ですが、輸入にかかる諸経費（関税や消費税）を支払う資金
　　的余裕がないなどの理由から、船荷証券のまま第三者に譲渡
　　することによってその輸入品を販売するというのは、ままあ
　　ることです。

この場合、その船荷証券の譲渡は国内において行われる訳ですが、この取引は輸出免税なのでしょうか、それとも、課税対象外取引となるのでしょうか？このことは課税売上割合と、当該課税期間における課税資産の譲渡等の５億円の壁を考える上で大変重要な意味合いを持つこともありますから、悩むところです。

　この取引は輸出免税として取り扱われます。なぜなら、この取引は「外国貨物の譲渡」だからです。資産の譲渡はその譲渡時にその資産が存していた場所が国内かどうかによって国内判定を行うのですが、このような取引の場合には貨物が国内に到着していようが、我が国領海の外にあろうが、仕向地が日本とされている限りは国内取引とされ、輸出免税の対象となるのです。これは、船荷証券の譲渡時にその貨物がどこにあるかを特定するのは困難であることから採られた国内取引の例外的な判定方法です。

　なお、この場合の書類保存要件については、船荷証券のコピーを保存しておくことで足ります。

## 6 課税仕入れをこのように考える

① 課税仕入れの意義と趣旨

　消費税は転嫁税という性質から、流通の各段階で事業者に課税していますが、前の流通段階から転嫁されてきた消費税を差し引いて納めることを認めないと、消費税が雪だるま式に転嫁され、流通段階を経れば経るほどエンドユーザーの負担が重くなります。国は消費税により最終負担者が支払う対価の10％ないし8％が国庫に納まることを想定していますから、このようになっては都合が悪い訳です。

　そこで、結果的に最終負担者が10％ないし8％だけ負担すればよいというようにするためにはどうしても最終負担者より前の各流通段階では自己より前の流通段階から転嫁されてきた消費税を控除して納めさせる必要があるのです。この控除される消費税を含んだ取引が課税仕入れであり、我が国の消費税において大変重要な意味合いを持っています。

② 課税仕入れの範囲

　(イ)　商品、原材料などの棚卸資産の購入

　(ロ)　機械や建物、車両、工具、備品などの購入又は賃貸

　(ハ)　事務用品や消耗品などの購入

　(ニ)　広告宣伝費、福利厚生費、接待交際費、水道光熱費、通信費などの費用の発生

　(ホ)　修繕費や外注費などの費用の発生　など

のうち、消費税がかかるもので、事業に関係のあるもの

③ これは課税仕入れ？

(イ) 神社やお寺から購入した熊手などの縁起物やお札など

　店舗に飾るための熊手やお札について神社やお寺などに支払ったものについては対価性があると考えがちですが、宗教施設に対する喜捨金と考えられますから、対価性なしとなり、課税仕入れとすることはできません。

(ロ) 金券ショップで購入した印紙代

　非課税取引のところで確認した通り、印紙や証紙が非課税となるのはこれらの売り捌き所で購入したものだけですから、金券ショップなどで購入した印紙代については課税仕入れになります。

(ハ) 自社で消費しない商品券1〜お中元・お歳暮として

　自社発行でない商品券やプリペイドカードなどをお中元やお歳暮などの贈答用として譲渡した場合には、それらの消費がありませんから、非課税となり、課税仕入れには該当しません。

(ニ) 自社で消費しない商品券2〜講師謝金として

　自社発行でない商品券などを研修会などの講師に対して謝金として譲渡した場合はどうでしょうか？これも自社では使わないため、その商品券などの消費による反対給付はありませんが、研修会の講師を務めてもらったお礼なので、その部分で反対給付が発生しています。

　つまり、役務提供の対価の支払い手段として譲渡するために購入した商品券などは譲渡時に課税仕入れとなるのです。

(ホ) 未経過固定資産税相当額

　不動産の売買を行う場合、契約書記載の対価とは別に未経過となっている期間分の固定資産税や都市計画税を精算することがあります。

固定資産税や都市計画税は毎年１月１日を賦課期日とし、この日における所有者に１年分の税を課す市町村税です。従って、年の中途で売買を行うと売主が実際に所有していない期間（売主にとっては未経過となる期間）分の税金を負担することになるといった不都合が生じるため、その精算が別途行われる訳ですが、この未経過固定資産税相当額は税金だからという理由で課税仕入れにすることができないのでしょうか？

　税金は対価性がないため課税対象外取引となりますので、それを支出した側では課税仕入れにできません。しかし、ここでいう税金というのは国や地方公共団体に納めるものを指します。

　未経過固定資産税相当額は国や地方公共団体ではなく、買い手から売り手に支払われるものですから、消費税においては**対価として取り扱う**ことになっています。ですから、建物に係る部分は売主の課税売上、買主の課税仕入れですし、土地に係る部分は売主の非課税売上です（買主は課税仕入れにできない）。

　所得税においても未経過固定資産税や未経過自動車税などは対価として取り扱われ、固定資産の取得価額を構成しますので気を付けたいところです。

## 7　個別対応方式の課税仕入れ3区分をこのように考える

①　個別対応方式の意義と趣旨

　その課税期間における課税売上高が5億円を超える場合や、その課税期間の課税売上割合が95％未満の場合には非課税売上に係る課税仕入れに対する措置ということで、仕入れに係る消費税額を全額控除するということはできません。これは、非課税売上を計上する者は次の流通段階に消費税を転嫁することができないので、最終負担者という扱いとなり消費税を負担しなければならなくなるのですが、その非課税売上に対応する部分の課税仕入れを控除しないことにより消費税を負担することになっているためです。

　そこで、このような場合には課税仕入れを1．課税資産の譲渡等にのみ要するもの、2．非課税資産の譲渡等にのみ要するもの、3．その他（共通対応）、の3つに区別して、1．については全額控除、2．については全く控除することができない、3．については課税売上割合等を乗じた部分だけ控除する、という消費税の原則的な計算方法が適用されるのです。

②　「課税資産の譲渡等にのみ要するもの」と「非課税資産の譲渡等にのみ要するもの」をこう考える

　「課税資産の譲渡等にのみ要するもの」とはどのような課税仕入れをいうのでしょうか？簡単にいうと「課税売上にヒモがつく課税仕入れ」ということになるのですが、実際の判断になると「本当にヒモがついていると考えていいのかな？」などと考えてしまい、少し心もとない感じがするかもしれません。

　そこで、「～にのみ要する」とか「直接要した～」「～のため

に特別に支出した」などといった表現のものを実務において簡単に判断する方法を紹介します。

　それは、「**もし、その支出（課税仕入れ）がなかったらこの収入（課税売上）はなかったであろう**」というものです。この「もし、その支出がなかったら〜」という考え方は完全にその収入とヒモがついていることを示すものといえるでしょう。

　例えば、「この材料仕入や外注費の支出がなかったら、この製品の売上は実現しない」という事象は至極、当然のことです。この関係を「材料仕入や外注費と売上は直接的な関係にある」といいます。また、課税売上となるもののみを製造している会社の製品を保管しておく倉庫を建てたとします。この倉庫の対価は「この支出がなければ、この課税売上は計上されない」ものになりますね。だから、課税資産の譲渡等にのみ要するものとして差し支えないのです。非課税資産の譲渡等にのみ要するものの判定方法も同様です。

　この方法は税務調査の際にその直接的な関連性を主張する際にも使えますので覚えておいて下さい。

　なお、いつの時点でそのような直接的な関係があったのかということについては、**課税仕入れの時点で判断する**こととされています。「課税資産の譲渡等にのみ要するもの」とされており、「課税資産の譲渡等にのみ要したもの」とされていないのは、課税仕入れの時点で今後、その資産がどのように使われているのかは分からないためとされています。

　ですから、当初、課税資産の譲渡等にのみ要する倉庫として建てたが、5年ほどして非課税の製品の製造を開始し、この倉庫を使ったとしても課税仕入れの時点ではこのような非課税売上が計上されることは想定していないので課税資産の譲渡等にのみ要するものとして処理すればOKです（課税仕入れから3

年以内に非課税の製品だけを保管するという事態になれば調整対象固定資産に係る課税仕入れの調整が行われることになるでしょう）。

③ これはどの区分？
(イ) 課税資産である製品を製造する工場の現場事務所や倉庫の電気代

　　課税資産である製品を製造する工場の現場事務所や倉庫の電気代については、それらがないと課税売上が計上されませんから、課税資産の譲渡等にのみ要するものとして全額控除することとなります。

(ロ) 上記(イ)の工場の本社の電気代（この会社の非課税売上は僅少な受取利息しかない）

　　非課税売上が僅かな額しかないとはいえ、その課税期間における課税売上高が5億円を超える場合には、個別対応方式又は一括比例配分方式で控除税額を計算することになります。

　　このような場合においては、本社の電気代も課税資産の譲渡等にのみ要するものとして全額控除したいところですが、少額とはいえこの会社には受取利息という非課税売上があります。そのため、この本社部門がないと課税売上が計上されないのは確かですが、同時に、非課税売上も立たないことになります。つまり、課税資産の譲渡等のみ、又は非課税資産の譲渡等のみ対応するものとはいえません。従って、「その他（共通対応）」として、課税売上割合等を乗じたものだけが控除対象となります。

　　もっとも、課税資産の譲渡等にのみ要する部分と非課税資産の譲渡等にのみ要する部分を合理的に区分することができれば、それに従って区分することもできます。さらに、念に

は念を入れて、会社の預金は全て当座預金や決済性預金といった利息がつかないものとし、非課税売上をゼロとしてしまうやり方もあります。

(ハ)　社宅の建築費

　会社の従業員を居住させる社宅を新築することとしました。この新築の対価については課税仕入れとなりますが、どの区分になるのでしょうか？

　この場合、**家賃を収受するかどうかで変わってくる**のです。

　通常、認定家賃との兼ね合いから家賃を収受することが多いと思われますが、この場合にはこの新築の対価は非課税資産の譲渡等（住宅の貸付け）にのみ要するものとされ、仕入税額控除不可となります。

　ところが、家賃を収受しないこととする場合には原則として「その他」に区分され、課税売上割合等を乗じた金額だけが仕入税額控除とされます。

　なお、国税庁発行の「『95％ルール』の適用要件の見直しを踏まえた仕入控除税額の計算方法等に関するＱ＆Ａ〔Ⅱ〕【具体的事例編】」[9]の３ページ目に「なお、従業員から使用料を徴収せず、無償で貸し付けている場合は、原則として共通対応分に該当します」との記載があり、「原則として」という表現が使われています。

　これは私見ですが、その社宅に居住する従業員が例えば課税資産の製造を行う工場の工員さんだったりした場合には、家賃を取らなければ課税売上のみ対応分として処理することになるでしょう。

---

9　https://www.nta.go.jp/publication/pamph/shohi/kaisei/pdf/gutailei.pdf

## 8 選択届出書の提出期限をこのように考える

① 3種類の選択届出書の提出期限

　消費税には「消費税課税事業者選択届出書」「消費税課税期間特例選択・変更届出書」「消費税簡易課税制度選択届出書」の3つの選択届出書がそれぞれの選択をやめるときの選択不適用届出書とともに設けられています。

　これらの選択については、選択しようとする課税期間の初日の前日まで（事業を開始した日の属する課税期間から選択する場合にはその課税期間の末日まで）に提出することとされています。

② 非課税資産の譲渡等のみを行っていた場合の提出期限

　数十年来、土地の貸付けのみを行ってきた個人事業者（免税事業者）が自己の所有する土地の上に建物を建てて2021年5月28日に引き渡しを受け、同年6月1日から事務所用物件として賃貸を開始する運びとなりました。この場合、課税事業者を選択しなければ建物の取得に係る消費税の還付を受けることはできませんが、この還付を受けようとする場合、いつまでに消費税課税事業者選択届出書を提出しなければならないのでしょうか？

　選択届出書の提出期限については、適用を受けようとする課税期間の初日の前日というのが原則なので2020年12月31日と考えがちですが、**「事業を開始した日」というのは非課税売上のみ計上していた事業者が初めて課税売上を計上する日も含まれます**。このため、この個人事業者は2021年中に事業を開始することになり、2021年12月31日が届出書の期限となるのです。

③　期日などを表すときに使われる法律上の表現～「経過する日」と「経過した日」

　　以下、選択届出書や不適用届出書の提出制限について触れるのですが、その前に法律の条文において期日などを表す表現について説明します。それは、「経過する日」と「経過した日」の違いについてです。早い話が、**「経過する日」は起算日の応当日の前日、「経過した日」は起算日の応当日の当日**となります。

　　例えば、8月2日から1か月を経過する日というと9月1日を指しますし、1か月を経過した日というと9月2日を指すことになります。

　　このように、両者の間には1日の差が生じるのですが、我々の仕事は厳格な期限がありますので、1日間違えて理解してしまうととんでもないことにもなりかねません。注意したいものです。

④　調整対象固定資産又は高額特定資産を購入等した場合の選択届出書の提出制限

　　次のいずれかに該当することとなる場合には、それぞれの記載のように選択（不適用）届出書の提出が制限されます。なお、この制限期間中に提出されたものについては提出がなかったものとみなされます。

㈠　消費税課税事業者選択届出書の効力が強制される2年間の課税期間又は資本金1,000万円以上の新設法人の基準期間がない課税期間（簡易課税が適用される課税期間を除く）において**調整対象固定資産**（※）の課税仕入れ又は課税貨物の引き取りを行った場合には、その調整対象固定資産の課税仕入れ・引き取りの日の属する課税期間の初日から3年を経過す

る日の属する課税期間の初日以後でなければ「**消費税簡易課税制度選択届出書**」と「**消費税課税事業者選択不適用届出書**」を提出することができない。

⇒調整対象固定資産の課税仕入れ等の課税期間を含め、3年間は原則課税が強制されることとなり、さらに、選択の効力が強制される2年目に調整対象固定資産の課税仕入れ等を行った場合には都合4年間、原則課税が強制されることになる

（※）調整対象固定資産…**棚卸資産以外**の資産で、建物及びその附属設備、構築物、機械及び装置、船舶、航空機、車両及び運搬具、工具、器具及び備品、鉱業権などで、一の取引単位の価額（消費税及び地方消費税に相当する額を除いた価額）が**100万円以上**のものをいう。

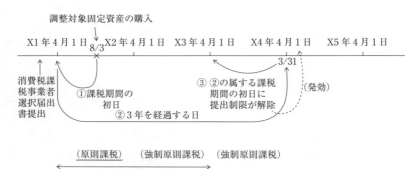

㈹ 課税事業者が原則課税の課税期間において**高額特定資産**（※）の課税仕入れ又は課税貨物の引き取りを行った場合には、その高額特定資産の課税仕入れ等の日の属する課税期間の翌課税期間から、高額特定資産の課税仕入れ等の日の属する課税期間の初日以後3年を経過する日の属する課税期間ま

での各課税期間について納税義務は免除されない。また、高額特定資産の課税仕入れ等の日の属する課税期間の初日以後3年を経過する日の属する課税期間の初日以後でなければ「消費税簡易課税制度選択届出書」を提出することができない。

（※）高額特定資産…一の取引の単位につき、課税仕入れに係る支払対価の額（税抜き）が1,000万円以上の棚卸資産又は調整対象固定資産をいう。

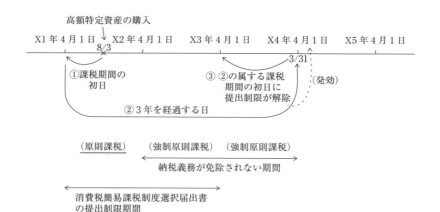

【参　考】なぜ、消費税簡易課税制度選択届出書と消費税課税事業者選択不適用届出書の提出制限が設けられているのか？

　消費税法の施行当初は3つの選択届出書及び不適用届出書には共通した性質がありました。それは、１．提出日の属する課税期間の翌課税期間（新たに事業開始した場合にはその課税期間）の初日から発効し、又は失効する、２．選択届出書の効力は不適用届出書の提出がない限り、存続する、３．一旦選択届出書の提出を行ったら、

事業を廃止した場合を除いては、2年間は不適用届出書を提出することができない（いわゆる2年縛り）、の3つです。

　しかし、ここで確認した通り、消費税簡易課税制度選択届出書と消費税課税事業者選択不適用届出書には提出できない期間があり、課税事業者の選択には2年縛りを超える3年（下手すれば4年）縛りが存在します。このように複雑になってしまった背景にはどのようなものがあったのでしょうか？

　このような課程を辿った背景には「**自動販売機設置スキーム**」との闘いがあったのです。

　自動販売機設置スキームを簡単にいうと、非課税売上の基となるアパート建設の際、アパートの課税仕入れと非課税売上計上開始の課税期間をずらすことにより、非課税資産の譲渡等にのみ要するものとして本来仕入税額控除を受けることができないはずのアパート建築に係る消費税の還付を受けるというものです。

　具体的には、免税事業者が課税事業者を選択してアパートの課税仕入れを行い、その課税期間中にはあえて入居させず、若しくは家賃を免除して、一方では自動販売機を設置し、その手数料（課税売上）だけを計上することによってその課税期間の課税売上割合を95％以上としてアパートに係る消費税の還付を受け、翌課税期間からは非課税売上（家賃）が計上されるけれども、簡易課税を選択することによって自販機手数料に係る僅かな納税を行い、3期目には免税に戻る、というスキームです。

```
事業開始事業年度        2 期目              3 期目
├─────────────┼─────────────┼─────────────┤
          X1 年 3 月 31 日    X2 年 3 月 31 日   X3 年 3 月 31 日
        2/10
    ×─────────────×
    アパート建築      入居開始
    （入居させない）  （非課税売上の発生）
（自販機手数料収入あり）

    （原則課税         （簡易課税）          （免税）
      →還付）
```

　これについて次のようないたちごっこの歴史があるの
です。

(イ)　課税事業者を選択したり新設法人を設立したりし
　　て課税事業者が強制される 2 年間に調整対象固定資
　　産の仕入税額控除を受けた場合（簡易課税の場合を
　　除く）には**その課税仕入れの課税期間を含め計 3 年
　　間は原則課税による課税事業者を強制することによ
　　り購入 3 年目（第 3 年度）に調整対象固定資産の調
　　整で税の取戻しを図ることとした**

　　　⇒課税事業者の選択ではなく、他の1,000万円超
　　　の物件を売却して 2 年後に課税事業者になった上
　　　で自販機設置スキームを行う納税者が出てきた

(ロ)　原則課税の課税期間に1,000万円以上の固定資産
　　（**高額特定資産**）を購入して課税仕入れを行った場
　　合には以後 3 年間は原則課税による課税事業者を強
　　制することにより第 3 年度に調整対象固定資産の調
　　整で税の取戻しを図ることとした

　　　⇒今度は金地金の購入と売却を繰り返すことに
　　　よって通算課税売上割合を大きくし、税の取戻し
　　　を回避するという納税者が出てきた

(ハ)　高額特定資産に該当する住宅の貸付の用に供しな
　　いことが明らかな建物以外の建物については**課税仕**

入れを認めないこととされた（3年以内に転用した場合や売却した場合には調整計算あり）…2020年10月1日以後の課税仕入れから（経過措置あり）

　当初は、一旦、還付をしておいて2年後に3年間の総売上に対する課税売上の割合（通算課税割合）によって控除すべき金額を計算し、調整対象固定資産の課税売上割合が著しく変動した場合の調整を通じて差額を取り戻すという作戦でした。そのため、**3年間の原則課税を強制し、その間は免税事業者も簡易課税も認めないことと**したのです。消費税簡易課税制度届出書と消費税課税事業者選択不適用届出書の提出制限があるのは、このスキームを行った事業者に3年間、原則課税の強制を行い、税の取り戻しを行うためなのです。

　なお、この取扱いは現在も続いています。

⑤　選択不適用届出書の提出制限期間

　消費税の選択届出書の効力はそれぞれの選択不適用届出書が提出されない限り存続し続けることになります。したがって、選択届出書を失効させるには選択不適用届出書を提出するしかありません。

　選択不適用届出書の提出制限期間をまとめると次のようになります（事業廃止の場合を除く）。

(イ)　消費税課税事業者選択不適用届出書

・　（原則）不適用届出書は選択の効力が生ずる日から2年を経過する日の属する課税期間の初日以後でなければ提出することができない⇒翌課税期間から失効

・　調整対象固定資産の課税仕入れ等を行った場合の届出制限期間がある（前掲）

(ロ)　消費税課税期間特例選択・変更不適用届出書

　　・　（原則）不適用届出書は選択の効力が生ずる日から2年
　　　　を経過する日の属する課税期間の初日以後でなければ提出
　　　　することができない⇒翌課税期間から失効

　　・　1か月ごとの短縮←→3か月ごとの短縮の変更も同様

(ハ)　消費税簡易課税制度選択不適用届出書

　　・　（原則）不適用届出書は選択の効力が生ずる日から2年
　　　　を経過する日の属する課税期間の初日以後でなければ提出
　　　　することができない⇒翌課税期間から失効

　　・　調整対象固定資産又は高額特定資産の課税仕入れ等を
　　　　行った場合の届出制限がある（前掲）

　　・　基準期間における課税売上高が5,000万円超となった場
　　　　合、中小事業者に該当しなくなるため簡易課税制度の適用
　　　　はない（**選択の届出の効力自体は不適用の届出を提出しな
　　　　い限りは生き続ける**）

　　・　基準期間における課税売上高が1,000万円以下となった
　　　　場合、小規模事業者に該当することになるため、特定期間
　　　　における課税売上高が1,000万円以下であれば納税義務が
　　　　なくなる（**選択の届出の効力自体は不適用の届出を提出し
　　　　ない限りは生き続ける**）

## 9　簡易課税の事業区分をこのように考える

① 　簡易課税は何のためにあるのか？

　消費税は流通段階を下るに従って次々と転嫁されていく租税ですが、その転嫁に従って消費税そのものが価格に上乗せされ、雪だるま式に大きくなるのを避けるために仕入税額控除を認め、最終的に最終負担者が10％なり８％なりの負担をすることとされています。

　しかし、中小事業者の中には取引の中に消費税が含まれているのかどうかがよく分からないという人がいます。自身の販売したもの、つまり、仮受消費税についてはよく分かるけれども、支払ったものの中に含まれる仮払消費税についてはいくら支払ったのかが分からないというのです。こういった事業者の方々は、食料品とか事務用品など請求書や領収書に消費税相当額が記載されていることが多いものについては消費税がかかる取引として認識されているのですが、例えば、電車の定期券や航空券、電気代や水道代、保険料やリース料、地代、家賃、借入金の利息など取引額が一本で記載されることが多いもの、記載はされているけれども分かりにくいものが今なお多く存在することから、例え全額控除であっても原則的な消費税の計算方法によることが極めて困難なのです。

　そこで、自身の売上に消費税が含まれる、含まれないということは事業者サイドで分かっていることなので、仮受消費税のみから納付税額を計算する方法を選択することができるようにしたのです。これが簡易課税です。

　この課税方法はあくまで仮払消費税を細かく把握することのできない事業者に限定して適用するとの意向があり、このよう

な事業者は小規模な事業者に多いとされることから、基準期間
における課税売上高（現在は5,000万円以下）で線引きを行っ
た上で、この基準を満たす事業者を中小事業者としたのです。
この中小事業者に該当する課税期間について消費税簡易課税制
度選択届出書を提出し、その効力が認められる場合にのみ適用
可能とされています。

② 事業区分とみなし仕入率

　簡易課税は原則課税に代えて、仮受消費税のみからその事業
区分ごとにみなし仕入率を適用して仕入税額控除額を計算する
方法ですが、この**事業区分については個々の課税資産の譲渡等
ごとに行うこととされており、事業者の帳簿に記載しておくか、
事業者が発行する請求書や納品書**などに区分が分かるようにし
ておく方法を採ることになっています。

　1989年4月1日に消費税が施行された当初は基準期間におけ
る課税売上高が5億円以下の事業者を中小事業者とし、また、
事業区分についても現在のように細かい事業区分とはなってお
らず、卸売業（みなし仕入率90％）とその他の事業（全て仕入
率80％）の2区分とされており、本当に「簡易な」課税方法で
した。しかも、課税資産の譲渡等ごとの判断ではなく、主とし
て卸売業を営んでいれば全体について90％控除が可能だったの
です。

　しかしその後、簡易課税は益税の温床との批判が大きくなり、
中小事業者の範囲も基準期間における課税売上高が4億円、2
億円、現行の5,000万円と縮小され、一方、事業区分について
も第3種事業と第4種事業、第5種事業、第6種事業が追加さ
れ、次第に増えていきました。これに伴い、事業判定が課税資
産の譲渡等ごととされたため、75％基準法（1つの事業又は2

つの事業で課税売上高全体の75％以上となる場合の特例）が整備されたとはいえ、ちょっと「簡易」とは呼び難いものに変わっていきました。

③　原則的な各事業区分のイメージ

　　簡易課税の事業区分は個々の取引に応じて「この場合には第○種事業」「こういった場合には第△種事業」などといったように、とても細かく区分されていますから、少し変化球が飛んでくるとたちまち調べなければ…となってしまいがちですが、物事には「原則」と「例外」がありますから、ここでも原則的な各事業区分のイメージを確認し、枝葉ではない、幹の部分を作っていきたいと思います。

　(イ)　他から仕入れたものをそのまま販売する事業グループ

　　・　第１種事業…卸売業（**販売先が事業者**）

　　・　第２種事業…小売業（**販売先が消費者**）及び**軽減税率の対象とされる農林水産業**（飲食料品）

　(ロ)　それ以外のグループ

　　・　第３種事業…農林水産業（第２種事業とされるもの以外）、鉱業、建設業、製造業（加工賃の対価となるものは第４種）、電気・ガス・水道業といった**ものづくり業及びエネルギー業**

　　・　第５種事業…**運輸・金融・サービス業**

　　・　第６種事業…**不動産業**（仕入れた不動産の販売については第１種or第２種）

　　・　**第４種事業**…その他の課税売上（※）

　　（※）具体的にいうと、飲食業、加工賃を対価とする役務の提供、**固定資産の譲渡**などがこれに該当する⇒固定資産の譲渡が第４種事業としてみなし仕入率によ

る課税仕入れが認められているのは、第４種事業が
「その他の事業」とされているためです。

---

【考　察】何故軽減税率の対象とされる農林水産業が第２
種事業となったのか？

　去る2019年10月１日に消費税率が10％に引き上げられる
と同時に人の飲食の用に供される資産の譲渡（及び一定の
新聞）については軽減税率が導入されています。この時に
それまで第３種事業とされてきた農業・漁業・林業のうち
軽減税率の対象とされるものについては第２種事業に格上
げ（？）されました。

　これにより、これらの資産の譲渡については軽減税率
８％が適用されるとともに、みなし仕入率も80％と従来よ
り大きな割合で適用されることになったため、優遇のしす
ぎではないかと思われるフシもあったかもしれません。

　これは、実はこういうことなのです。

　人の飲食の用に供される農産物、水産物、果物（林業）
については、**仮受消費税は８％の税率で計上**することにな
るのに対し、種苗費や肥料費、機械等の設備費などに係る
**仮払消費税は10％で計上**されます。みなし仕入率は実際の
仮受消費税と仮払消費税の割合にできるだけ近づける必要
がある訳ですが、これらの事業については**実際の仕入率が
上がってしまうため、みなし仕入率の改定が行われた**ので
す。

　これにより、第２種事業は仕入れたものをそのまま消費
者に販売するもののみが対象だったのですが、これ以外の
ものが入り込んできたことになります。

　この改定により、これらの事業者の原則課税・簡易課税

の有利選択については**従前よりも簡易課税が有利となる要素が増えたことになります。**

④ 何を拠り所に事業区分を判断するのかを一言で表すと

消費税の施行当初は2区分しかなく、しかも、主な業種が卸売業に該当するかどうかで仮受消費税全体にみなし仕入率の80％or90％を適用していたのが、今では区分が第6種事業まで拡大し、取引ごとに判定するなど複雑化の一途を辿っていますが、この事業区分の拠り所を一言で表すとこのようになります。

日本標準産業分類[10]の大分類に独自に調整を加えたもの

このように考えると、「独自に調整」の部分（③(ロ)において波下線を引いたところ）だけ押さえておいて、あとは日本標準産業分類の大分類に従って第○種事業を判断するということになります。

⑤ それでも迷いやすい事業区分の例

とはいえ、やはり簡易課税の事業区分は実際の取引を前にすると迷いやすいものです。こういう取引については調べながら知識を増やしていくしかなさそうです。

業種別にいくつか例を挙げてみましょう。

・ 食料品小売業について、通常販売する商品に一般的に行われる軽微な加工（商品を切る、刻む、つぶす、乾かすなど）を行って同一の店舗で販売する場合には**第2種事業**、加熱行

---

10　https://www.soumu.go.jp/toukei_toukatsu/index/seido/sangyo/02touka tsu01_03000023.html

為等を伴う加工を行って販売する場合には**第3種事業**

- 　飲食店業について、飲食店における飲食サービス及び客の注文により行う出前や仕出しは**第4種事業**、持ち帰り用として販売する場合には**第3種事業**。また、料理代金とは別建てで請求されるサービス料、部屋代、テーブルチャージなどは**第4種事業**
- 　自動車整備業について、タイヤやオイル交換の商品代金は**第1種事業or第2種事業**で工賃は**第5種事業**、下取り車に板金塗装等を施して販売する場合には**第3種事業**、自動車の修理は部品代金と手数料を区分請求した場合であっても全体が**第5種事業**
- 　機械や器具の修理について、部品代金と手数料を区分請求した場合であっても全体が**第5種事業**
- 　理容・美容業については基本的に**第5種事業**であるが、化粧品などの販売については**第1種事業or第2種事業**
- 　旅館業について、食事代込の宿泊料は全体が**第5種事業**であるが、宿泊料金と飲食代とが区分して領収される場合の飲食代については**第4種事業**
- 　製造業について、製品等の主要な要因をなす原材料の無償支給を受けて行う製造等は**第4種事業**
- 　製造問屋については**第3種事業**
- 　建設工事等の丸投げは**第3種事業**
- 　建設業のうち、人夫の提供や機械等のみを持参して行う人的役務の提供は**第4種事業**⇒<u>材料仕入があるかどうかで判断</u>
- 　自己において使用していた事業用資産等の売却は**第4種事業**
- 　生命保険外交員に対する報酬は**第5種事業**
- 　不動産業において仕入れた建物をそのまま販売する場合に

は**第1種事業or第2種事業**、自身で建築した建物を販売する場合には**第3種事業**、仲介・管理・賃貸については**第6種事業**、自身が固定資産として使用していた建物の譲渡については**第4種事業**

---

【参　考】２種以上の事業を営む事業者のみなし仕入率の特例について

　２種以上の事業を営む場合の簡易課税の控除対象仕入税額の計算については、特定一事業又は特定二事業の占有割合が75％以上となる場合に有利選択が出てきますが、これについては１．加重平均みなし仕入率による控除税額　２．特定１事業のみなし仕入率による控除税額　３．特定２事業のみなし仕入率による控除税額の適用があるものの中から最も控除税額が大きくなるものを選択することになります。

　コンピューターを使えば自動で判定してくれますので有利選択自体を行うことはあまりないかもしれませんが、コンピューターで計算された結果について**「何となくおかしい」と勘が働くようにするために**次のようなことを念頭においておくとよいでしょう。こうすることによって、お客様の前で原則課税がよいのか簡易課税がよいのかという判断をする際にも**簡単な税額シミュレーションを展開できる**ようになります。

・　みなし仕入率が最も高い事業が全体の75％以上を占めたら特定一事業の特例により全部そのみなし仕入率が最も高い事業のみなし仕入率で計算するのが最も有利となる

・　特例を使って全体を第６種事業のみなし仕入率で計

算するということはあり得ない
・　特定一事業が全体の75％以上を占める場合、必ず特定二事業の特例の適用要件にも合致する
・　特定一事業が全体の75％以上を占める場合の特定二事業のみなし仕入率の適用については、その特定一事業とそれ以外の事業のうち最もみなし仕入率の高い事業とのペアで計算することになる
・　目安として、みなし仕入率の高い事業の割合が低くみなし仕入率の低い事業の割合が高くなる「ピラミッド型」の場合には特例を使わない方が有利に働く傾向にある
・　逆に、みなし仕入率の高い事業の割合が高くみなし仕入率の低い事業の割合が低くなる「逆ピラミッド型」の場合には、特定１事業又は特定２事業の特例を適用するのが有利に働く傾向にある

## 10　本章のまとめ

　消費税の規定を理解しやすくするため、様々な要素について具体的にみてきました。これらをアラカルト的にまとめると次のようになります。

① 我が国の消費税は、国内において行われた資産の譲渡等のみを課税対象としており、取引の態様に応じてそれぞれ国内取引の判定基準を定めている（仕向地課税主義による）こと

② 個人事業者については取引の事業性があるもののみ課税対象とされること

③ 対価性のない取引については課税対象から外されているため、対価性の有無が重要な判定要素となること

④ 非課税取引は課税4要件を全て満たしたものから限定列挙という形で規定されているということ

⑤ 輸出免税については非課税取引とは異なり、仮払消費税の控除及び還付を認めているということ

⑥ 仕入税額控除については消費税の納付税額計算において複雑な部分があるため、その考え方をきちんと押さえておくこと

⑦ 消費税の選択届出書は期限までに提出を行い、強制適用期間を認識しておくこと

⑧ 簡易課税は事業区分の判定が全てと言っても過言でなく、根幹を押さえた上で枝葉の部分は知識を重ねていくこと

# 第7章

# 個人事業者特有の消費税の問題

消費税は法人と個人事業者で全く同じ処理を行うのですが、それでも個人事業者に特有の取扱いがいくつかあります。それは、法人成りと相続、そして廃業です。所得税でもこれらの取扱いは定められていますが、消費税ではどのように考えればよいのか、個人事業者の消費税に特有の部分を確認しておきましょう。

## 1 基準期間における課税売上高の計算

　法人における消費税の取扱いと個人事業者における消費税の取扱いは同じ消費税法という法律に規定されていますから、基本的には同じです。しかし、法人と個人事業者で異なる取扱いがなされる部分がいくつかあります。その一つが基準期間における課税売上高の年換算の要否です。

　消費税法第2条第1項第十四号には基準期間の定義があり、個人事業者についてはその年の前々年、法人についてはその事業年度の前々事業年度と定められています。また、同法第9条第2項に基準期間における課税売上高の定義があり、個人事業者及び基準期間が1年の法人については基準期間中に国内において行った課税資産の譲渡等の対価の額、基準期間が1年でない法人についてはその対価の額を基準期間の月数で割り、12を乗じた額（つまり、年換算した額）とされています。

　ここで不思議に思うのは、年の中途で課税資産の譲渡等を行う事業を開始した個人事業者のその2年後の基準期間における課税売上高は何故年換算しないのかということです。

　暦年を事業年度とする法人が2021年7月23日に設立され、第1期は2021年7月23日から同年12月31日までだったとします。すると第3期（2023年1月1日から同年12月31日）課税期間の基準期間における課税売上高は第1期の課税売上高に6分の12を掛けた金額となります。

　一方、2021年7月23日にいわゆる脱サラによる起業で課税資産の譲渡等を行う事業を開始した個人事業者の2023年課税期間の基準期間における課税売上高は2021年7月23日から同年12月31日までの課税売上高そのものとなるのです。

個人事業者の基準期間における課税売上高を年換算しない理由は、**「個人事業者の前々年は事業をやっていようがいまいが必ず丸１年あり、この部分において恣意性が介入する余地がないから」**です。前々年が丸１年ないのは０歳児と１歳児、そして一部の２歳児だけです。

　これに対し、法人の事業年度は変更が可能ですから作為的に１年未満とすることができます。したがって、年換算をしない制度とした場合、売上の少ない時期で意図的に事業年度を区切ることによって基準期間における課税売上高を1,000万円以下とすることができてしまうため、法人については基準期間が１年でない場合には年換算をすることになっているのです。

　**個人事業者の基準期間における課税売上高は年換算をしない。**個人事業者の消費税申告は所得税同様、年に一度しかないのでついつい忘れがちになるところですが、このことは頭と体に染み込ませておきましょう。

## 2 法人成りによる廃業と消費税

　個人事業者が法人成りすることによって事業を法人に引き継ぐ場合の個人事業者の消費税については、1．法人に売却する資産、2．法人に賃貸する資産、3．法人との間で使用貸借とする資産、4．法人に現物出資する資産、の4つに分類することができます。これらの取扱いについてそれぞれ見てみることにしましょう。

① 法人に売却する資産

　　法人に売却する資産については、通常の取引同様、対価を得て資産の譲渡等を行うことになりますから、課税資産の譲渡等の場合には課税売上として、非課税資産の譲渡等の場合には非課税売上としてそれぞれ取り扱うことになります。

② 法人に賃貸する資産

　　個人事業者が廃業後、法人に資産を賃貸する場合、その賃貸については通常の取引同様、対価を得て資産の譲渡等を行うことになりますから、課税資産の譲渡等の場合には課税売上として、非課税資産の譲渡等の場合には非課税売上としてそれぞれ取り扱うことになります。

　　ただ、注意しなければならないのは、土地付き建物を賃貸する場合の取扱いです。

　　土地付き建物を譲渡する場合には土地部分は非課税売上、建物部分は課税売上というように区分して処理するのですが、賃貸する場合にはあくまで貸借するのは建物であり、敷地である土地は当然に付随してくるということで**全体を課税売上として処理**することになります。この取扱いは土地部分の賃貸借契約

と建物部分の賃貸借契約を別個に行っている場合においても同様です。

③　法人との間で使用貸借とする資産

　個人事業者が廃業後、法人との間で資産を使用貸借とした場合、その使用貸借は対価を伴いませんから、消費税の課税関係は特に生じません。

④　法人に現物出資する資産

　法人に現物出資する場合には、その現物出資により交付される株式の時価を資産の譲渡等の対価の額として取り扱います。したがって、現物出資した資産が建物などといった課税される資産である場合にはその分の消費税負担が出資した個人事業者に発生することになります。現物出資には金銭の授受が伴わないのですが、金銭を払い込んで株式を取得し、会社がその払い込まれた金銭をそのまま資産の取得の対価として支払ったのと経済的実体は変わりありませんから、このような取扱いとされているのです。

　具体例を挙げると、時価100の土地と時価60の建物（及び60の負債）を現物出資して時価100の株式の交付を受けた場合、100（株式の時価）×100（土地の時価）／160（土地・建物の時価合計）＝62.5が土地の譲渡の対価の額として非課税売上、100（株式の時価）×60（建物の時価）／160（土地・建物の時価合計）＝37.5が建物の対価の額として課税売上にそれぞれ計上することになります[11]。

---

11　国税庁質疑応答事例「現物出資の場合の課税標準」 https://www.nta.go.jp/law/shitsugi/shohi/14/02.htm

この個人事業者の側で課税資産の譲渡等として計上される部分の金額は法人の側では課税仕入れになるのですが、個人事業者が法人成りする場合、法人については資本金を1,000万円未満として免税事業者となる場合がほとんどだと思われますから、消費税のことを考えた場合、法人側で課税仕入れが計上されないため、現物出資は避けた方がよいといえるでしょう。

## 3 廃業の場合のみなし譲渡

　ここまで、法人成りにおいて法人に引き継がせる資産の取扱いを
みてきました。では、法人成りしない廃業や、法人成りにおいて法
人に引き継がせない資産の取扱いはどうなるのでしょうか？

　個人事業者が所有建物を店舗として使用しており、廃業を迎えた
場合、この所有建物は個人事業の**廃業時に消費税のみなし譲渡とし
て時価が課税資産の譲渡等の対価の額とみなされるため、個人事業
者にその分の消費税負担が発生します**。さらに、その所有建物の敷
地については時価を非課税資産の譲渡等の対価の額として取り扱う
ことになります。この取扱いは店舗、車両、構築物、器具備品など
幅広く対象となりますので、場合によっては思わぬ税負担に驚くこ
とになります。

　また、個人事業者のときは自宅近くの所有建物を店舗としていた
けれども、法人成りを機に別の場所で賃貸物件を店舗とする場合、
この所有建物は法人に引き継がせないことになります。この場合も
上記と同様の取扱いとなります。

　法人成りを含め、**個人事業者の廃業時に注意しなければならない
のは、事業用資産のみなし譲渡**です。法人に引き継がせる資産につ
いては法人からの対価収入があるため仕方がないと思える部分もあ
るのですが、引き継がせない資産については「個人事業者が棚卸資
産又は棚卸資産以外の資産で事業の用に供していたものを家事のた
めに消費し、又は使用した場合における当該消費又は使用」（消費
税法第4条第5項第一号）に該当するため、資産の譲渡等として取
り扱うことになるのです。

　この取扱いは消費税法施行当初からあるのですが、資産の譲渡等
としての処理が漏れている申告が大半であるらしく、税率も大きく

なってきたことから看過することができなくなったということで、会計検査院による棚卸資産以外の事業用資産の時価を課税標準に含めるべき旨の指摘を受け[12]、消費税の事業廃止届出書の裏面にその旨の解説が記載されるようになりました。

　このことを考えると、法人成りを伴わない課税事業者である個人事業者の廃業は免税事業者になるのを待って行うのが負担の少ない方法といえるでしょう。

---

12　会計検査院「平成30年度決算検査報告の概要」P274
　　https://www.jbaudit.go.jp/report/new/summary30/pdf/fy30_zumi_070.pdf

## 4　相続による事業承継～消費税編

　相続による事業承継は個人事業者特有の現象です。この場合の消費税の取扱いを覚えておきましょう。

　なお、分かりやすくするために、被相続人を「お父さん」、相続人を「息子」と表現します。

① 消費税の納税義務は引き継ぐ？引き継がない？？

　　亡くなったお父さんの事業を息子が引き継いだ場合、お父さんが死亡時に課税事業者だったら、息子はいきなり課税事業者となって事業を承継することになるのでしょうか？

㈠　相続があった年の納税義務

　　相続があった年のお父さんの基準期間における課税売上高が1,000万円を超えている場合には、相続があった日の翌日からその年の12月31日までの課税資産の譲渡等については納税義務あり、となります。

　　もともと息子が個人事業者で消費税の課税事業者なのであればあまり影響はないと思われますが、個人事業者でない息子がこの事業を継ぐ場合には多少酷なようにも思えます。しかし、課税事業者のお父さんの事業は当然に消費税申告のための記帳や書類の保存などはしているでしょうから、それらを引き継いだ人は消費税の申告納税はできるはずだ、ということでこのような取扱いとなっているのでしょう。

　　なお、お父さん自身の消費税の確定申告については、「個人事業者の死亡届出書」を提出した上で、**相続の開始があったことを知った日の翌日から4か月を経過した日の前日までに課税期間を1月1日から相続開始日までとして行うことに**

なります（納付についても期限は同じ）。また、1月1日から確定申告期限までの間に前年分の確定申告書を提出しないで死亡した場合にも（3月31日ではなく）相続の開始があったことを知った日の翌日から4か月を経過した日の前日までが期限とされています。

　これらについても所得税の準確定申告同様、「付表6　死亡した事業者の消費税及び地方消費税の確定申告明細書」を添付する必要があります。

(ロ)　相続があった年の翌年及び翌々年の納税義務

　次は、相続があった年の翌年及び翌々年の息子の納税義務についてです。息子が個人事業者で消費税の課税事業者がずっと続いている場合には、納税義務について何の問題もありません。問題は、息子の翌年及び翌々年の基準期間における課税売上高が1,000万円以下の場合です。

　この場合には、**翌年及び翌々年の基準期間におけるお父さんの課税売上高と息子の課税売上高の合計額が1,000万円を超えていたら納税義務あり**、となります。

② 消費税の選択届出の効力は引き継ぐ？引き継がない？？

　次に、お父さんが選択していた各種届出書の効力は息子に引き継がれるのかどうか、ということについて確認しましょう。

　結論から言うと、**消費税の選択届出書の効力は相続人には一切引き継がない**ということになります。息子がお父さんの選択を引き継ぎたければ自身で改めて選択届出書を提出しなければならないということになるのです。

　消費税の3つの選択届出の効力を引き継がないことによる注意点を簡単にまとめてみました。なお、分かりやすくするため、6月24日にお父さんの相続が開始したものとします。

(イ)　消費税課税事業者選択届出書

　　本来、免税事業者となるはずのお父さんが相続年において課税事業者を選択していた場合には相続年の1月1日から6月24日までは課税事業者ですが、免税事業者である息子が事業を承継し、6月25日以降課税事業者を選択したい場合には息子が改めて消費税課税事業者選択届出書を提出することになります。

　　消費税課税事業者選択届出書の効力を引き継ぐというのはレアケースといえるでしょう。しかし、免税事業者がわざわざ課税事業者を選択するのは、1．まとまった額の設備投資をする場合と2．輸出取引を行う場合の2つに限られますから、お父さんの存命中に設備投資が完了している場合には特に問題になりませんが、設備投資が完了していない場合や、輸出取引を続けていく場合には息子が免税のままでいるのと課税事業者を選択するのとでは有利不利に大きな差が出ます。

　　では、息子の側で消費税課税事業者選択届出書はいつまでに提出すれば相続年から課税事業者となることができるのでしょうか？

　　お父さんが課税事業者を選択していた場合、その事業を引き継いだ課税期間は「事業を開始した日の属する課税期間その他政令で定める課税期間」に該当します（消費税法施行令第20条第二号）から、その相続があった年の12月31日までに提出すればその課税期間から課税事業者ということになります。

　　今回は6月24日に相続が開始したという例でしたが、暮れの押し迫った12月30日などといったような日に相続が開始した場合には忙しくて間に合わないこともありますから、相続の開始日が概ね提出期限の1か月前以内であれば相続開始後

2か月以内に「消費税課税事業者選択（不適用）届出に係る特例承認申請書」を提出すれば相続開始年から課税事業者となることになっています（消費税法施行令第20条の2、消費税法基本通達1－4－16（三））。

　ただし、勘違いしてはいけないのは、**12月31日が提出期限となるのはお父さんが課税事業者を選択していた場合又は息子が個人事業者でなかった場合に限られる**ということです。お父さんが課税事業者を選択しておらず、息子がもともと個人事業者（免税事業者）だった場合には残念ながら、相続開始年から課税事業者となることはできません（課税期間を短縮すれば相続開始年の途中から課税事業者になることができる場合があります）。

(ロ)　消費税課税期間特例選択届出書

　お父さんが消費税の課税期間を短縮しており、事業を引き継いだ息子もそのまま課税期間を短縮したいという例は輸出取引を引き継ぐ場合以外、ほとんどないと思われます。

　この場合はあまり深く考えることはなく、息子の側で3か月ごと又は1か月ごとに課税期間を短縮する場合には6月30日までに7月1日を発効日として消費税課税期間特例選択届出書を提出すればよいのです（4月1日又は6月1日を発効日とすることができる場合もありますが、効果はほとんど同じです）。

(ハ)　消費税簡易課税制度選択届出書

　最後に簡易課税の選択です。この場合も課税事業者の選択同様、納税額に大きな差が生じることがありますから、注意しておきたい部分です。

　この場合の届出書の提出期限は課税事業者の選択と少し異なります。

まず、息子が個人事業者でなかった場合から。この場合には相続開始年が「事業を開始した日の属する課税期間その他政令で定める課税期間」に該当しますから、相続開始年の12月31日が届出書の提出期限となります。

　次に、息子が個人事業者（課税事業者）であった場合ですが、この場合には前年の12月31日が届出書の提出期限となりますから、相続開始以後の期間を簡易課税とすることはできません（課税期間を短縮すれば相続開始年の途中から簡易課税を選択できる場合があります）。

　また、息子が個人事業者（免税事業者）であった場合には取扱いが分かれます。

　お父さんが簡易課税制度を選択していた場合には、息子が事業を引き継いだ課税期間は「事業を開始した日の属する課税期間その他政令で定める課税期間」に該当しますから、その相続があった年の12月31日までに提出すればその課税期間から簡易課税ということになります。相続開始日が暮れの押し迫った頃であれば、「消費税簡易課税制度（不適用）届出に係る特例承認申請書」を相続開始後2か月以内に提出すれば課税事業者選択同様の取扱いとなります。この場合の基準期間における課税売上高5,000万円以下という要件ですが、納税義務の場合とは異なり、**息子の基準期間における課税売上高のみで判定し、お父さんの基準期間における課税売上高とは合算しません。**

　一方、息子が個人事業者（免税事業者）でお父さんが簡易課税制度を選択していなかった場合には前年の12月31日が届出書の提出期限となりますから、相続開始以後の期間を簡易課税とすることはできません（課税期間を短縮すれば相続開始年の途中から簡易課税を選択できる場合があります）。

③　相続開始と原則課税の控除対象仕入税額の調整

　　第5章で説明した原則課税の控除対象仕入税額の調整は相続の場合、どうなるのでしょうか？結論を先に言うと、**これらの調整は基本的に相続人が引き継ぎます。**

　　ただし、これらの調整は原則課税の仕入税額控除に係る取扱いですから、相続人が調整を行う課税期間において免税や簡易課税であれば行われません。

(イ)　棚卸資産に係る消費税額の調整

　　免税事業者であったお父さんの事業を引き継いだ原則課税の課税事業者である息子がお父さんの棚卸資産（免税事業者である課税期間に仕入れたものに限る）を相続した場合には、その棚卸資産に係る消費税を相続開始日の属する課税期間の控除対象仕入税額に加算することになります。これにより納付税額は少なくなります。

　　なお、課税事業者であったお父さんの事業を引き継いだ場合には、この調整はお父さん、息子の双方において行われません。

(ロ)　調整対象固定資産に係る消費税の調整

　　課税売上割合が著しく変動した場合、転用した場合とも調整対象固定資産に係る事業を承継した場合には、息子の側において調整が行われます。

④　相続人が被相続人の課税資産の譲渡等又は課税仕入れにつき対価の返還を受けた場合・貸倒れが生じた場合

　　お父さんの事業を承継した息子がお父さんの行った課税資産の譲渡等又は課税仕入れにつき対価の返還等を受けた場合には、息子が行った課税資産の譲渡等又は課税仕入れについて対価の返還等を受けたものとみなし、息子について適用されます。

また、お父さんが行った課税資産の譲渡等の相手方に対する
売掛金などの債権について相続開始後に貸倒れの事実が生じた
場合にも、その事業を承継した息子がその課税資産の譲渡等を
行ったものとみなし、息子について適用されます。

## 5 本章のまとめ

　法人と異なり、個人事業者の消費税には特有の問題があり、レア
ケースに該当するものが多いため、気を付けなければならないこと
がいくつかありますのでここでまとめたいと思います。

① 基準期間における課税売上高は年の途中で開業したとしても
　　年換算しない

② 法人成りの時における個人事業者が使用していた固定資産の
　　法人への提供の仕方については売却、賃貸、使用貸借、現物出
　　資が主に考えられるが、法人は当初免税事業者であることが多
　　いため、個人事業者の消費税負担を考慮しながら選択するとよ
　　い

③ 事業を廃止した際のみなし譲渡に注意！！

④ 相続による事業承継の場合には、相続人は被相続人の選択届
　　出を一切引き継ぐことができないため、新たに選択届出書を提
　　出することになるが、提出期限に留意すること！

# 第8章

税務調査のことを考える際、
心得ておくべき3か条

我々職業会計人にとって最も注意しなければならないことの一つに税務調査対応があります。税務調査は税目を問わず申告書を提出する者にとっては避けて通ることができないものですが、その際に指摘事項について的を射た説明を行い、是認されるというところを目指して日々の処理を行うのがあるべき姿といえるでしょう。

　このように、いわば招かれざる仕事ともいえる税務調査ですが、税務調査は国税通則法をはじめとする税法に基づいて行われますから、我々職業会計人側としてもそれに則った対応が求められます。

　この章では、税務調査にうまく対応するために是非、習慣づけておきたい考え方を紹介します。

## 1　第1条～ストーリー作り

　まずは「**ストーリー作り**」です。これは税務調査に入る、入らない以前の話で、これを事務所として習慣づけておくと事務所のお客様全体に税務署の信用が構築され、ひいては、お客様全体を守ることにつながりますから、大変重要な考え方ですので第1条としました。

　この「ストーリー作り」の説明に入る前に1つ大事なことの定義づけをしておきたいと思います。それは「節税と脱税の違い」です。節税の一環として行った取引でも脱税と認定されては困りますから、どこまでが節税でどこまでが脱税、ということは明確にしておきたいのです。

① 節税と脱税の違い

　　実は、節税と脱税の間には租税回避という行為があり、この3つを分かりやすい言葉で説明すると次のようになります。

　㈤ **脱税**

　　脱税は<u>隠すこと</u>です。つまり、本当はあるのに、ないという申告をすることです。何を隠す？所得や財産です。所得を隠すのには収益を隠したり経費を水増ししたりする方法がありますが、もちろん、違法です。

　㈥ **租税回避行為**

　　租税回避行為は違法か合法かと言われると、行為自体は合法です。しかし、これを認めてしまうと課税の公平が損なわれる結果となるものがこれに当たります。

　　例えば、個人事業者が同族会社を持っているとしましょう。この個人事業者が会社所有の建物を借りて事業を行っていま

す。この建物は月20万円くらいの家賃が相場であるのに対し、この個人事業者は自分の会社に月500万円支払っているとします。

　何故こんなことをするのでしょう？おそらく、相場よりずっと高い家賃を支払うことによって**個人の所得を圧縮し、税負担を軽減したいのだろう**ということは容易に想像がつきます。この家賃については法人の方では益金として計上されるのですが、多額の繰越欠損がある場合には法人に課税はありませんから、このような取引を行えば全体の税負担がかなり小さくなります。

　このような取引は**会社を持っている個人事業者とそうでない個人事業者との間で不公平な結果を招きます**。そこで、会社と社長の間で締結した月500万円の不動産賃貸借契約についての違法性を問うことはしない（私法上は合法）けれども、税金の計算にあたっては相場並みの価格で取引が行われたものとされるのです。

　このように租税回避行為を一言で表すと、**行為の目的が税負担の軽減にしかないもの**ということになります。

　このような行為には当然に不自然さが残りますから、我々も税務調査の際に、「何故このような取引をされたのですか？」と問われた際に「そうすると税金が少なくなるからです」と言ってしまうと租税回避行為を進んで認める事務所、というレッテルを貼られてしまいかねません。気を付けたいものです。

(ハ)　**節税**

　最後に節税です。これも例を挙げて説明しましょう。

　貨物運送事業を営む事業所得者が12月29日に活魚を海水に入れたまま運ぶことができる特殊仕様の新車トラックの納車

を受け、荷主の求めに応じて12月30日早朝発同日昼着にて活魚を運んだとします。そのまま帰り荷はなく空車で帰ってきて31日の仕事はないまま年末を迎えました。そして、この新車トラックについて特別償却を適用し、購入価格の3割相当額を必要経費に算入しました。

これについては水増し経費を計上して所得を隠している訳ではないため脱税ではありません。また、税負担の減少にのみ目的がある行為でもないため、租税回避行為でもありません。このように**行為の目的が税負担の減少以外のところにあり、結果として税負担が減少している**ものを節税といいます。

② 租税回避行為・脱税と認定されないための強力な武器がストーリーなのです

我々も節税を提案するのであれば、行為や取引の目的を本来の事業関係のところに据え、結果として税負担が小さくなるという**ストーリー**を明確にしておかなければなりません。ですから、やってしまった後（例えば、決算後）でストーリーを考えると無理が出てくることもありますから、節税はまず、ストーリーを作ってそれに沿って実行することが重要だということが分かります。

特に必要経費については「なぜ、この取引が必要だったのか」「なぜ、この金額になったのか」「なぜ、この時期にこのような取引をしたのか」を調査のときにスラスラと説明できるようにしておかなければなりません。これを用意していないと、ああ言えばこう言う、という感じの不自然な答弁に終始してしまい、説得力に欠けることになりかねません。

逆に、これらをスラスラと説明することができれば不問に付されることも少なくありません。それほどストーリーというも

のは大きな力を持つのですが、このストーリー作りにはコツが
あります。それは、１．実行する前にストーリーを考えること、
２．私利私欲の理由は避けること、３．結果として税負担の減
少につながったというものとすること、の３つです。

　１．はお客様からあらかじめ相談がないと難しいですが、遅
くとも処理する段階では取引の背景などを確認してストーリー
を作り、お客様との間で共通認識としておきたいものです。ま
た、２．と３．については、これらを無視したストーリーとし
た場合には租税回避行為と取られる場合がありますから、「結
果として」ということを意識することにより、**税金を少なくす
るためにやった取引ではないということを明らかにしておく必
要があるでしょう。**

## 2　第2条〜「もし」の仮定

　ここでいう「もし」の仮定には2つの意味があります。これらを
1つずつ紹介していくことにしましょう。

① 　取引の必要性を考えるときの武器として

　　私は、お客様の取引の中で税務調査でつつかれそうな臭いが
するものを目にしたとき、もし○○でなかったら〜と考えるこ
とが多いです。これを自分では「もし」の仮定と呼んでいるの
ですが、これは結構強力に取引の必要性・必然性を与えてくれ
ます。

　　この仮定は、「この取引は必要だ」とか、「これは当年の必要
経費だ」ということを説明するときに逆の方向からみて、これ
では都合が悪い…というところに持っていくことによって取引
処理の正当性を確保するものです。

　　例えば、租税回避と取られそうな取引があった場合に、これ
は租税回避ではないということを説明するときには「**もし、こ
の取引がなかったら○○ということになり、返って収益獲得の
機会を遠ざけてしまう**」とか、「**もし、この事業をやっていな
かったらこの支出をする必要がない。よって、この事業をやっ
ていたからこそ、この支出が必要だったことになるから事業と
の関連性がある**」などといった具合です。これを処理時に考え
ておくことによって判断に自信がつくとともに、調査の時にも
説得力を発揮してくれることでしょう。

② 　法令の趣旨を考えるときの武器として

　　もう1つの「もし」もかなり強力な威力を発揮してくれます。

それは、「もし為政者だったら…」と考えるということです。

「租税回避行為」について書籍などで調べてみるとこのように書いてあることがあります。「租税回避行為は、租税法規が予定していない異常ないし不自然な法形式を用いて税負担の軽減を図る行為」であると。

先ほど取り上げた、同族会社に多額の家賃を支払うという例でいうと、我が国の所得税法や法人税法を作った人は、まさか月20万円が相場の賃貸事務所に月500万円も払う人のことは想定していないのです（特殊関係者間取引か、よほど奇特な人でないとこんなことはしませんよね）。為政者は国家財政に充てるための税収の仕組みを考えて立法する訳ですから、このようなあからさまに不自然な取引については自身が予定した方向に修正を求めたくなるのは当然のことでしょう。

## 3　第3条〜立証責任はどちらにあるか？

　最後の武器は「立証責任はどちらにあるか？」です。この部分は非常に重要で、税務当局側に言われっぱなし、でもどこまで反論してもよいのか分からない…という傾向の強い方は特に身に着けて頂きたい考え方です。

　税務処理も税法という法律に従って行うことになりますが、調査官が我々の行った処理に異を唱えられるところから丁々発止が始まります。法律上の勝った・負けたは、この立証責任のキャッチボールにおいて**立証責任というボールを相手に投げ返すことができなくなった側の負け**、とされることになっています。このことは裁判でも税務調査でも変わりません。

　そこで、グレーゾーン処理のときに「これは調査で通るかどうか」を考える際、**どちらに立証責任のボールがあるのかということを考える**のです。グレーゾーン取引はどちらに転んでもおかしくないものが多いですから、もし、指摘されたとしても相手がこちらにボールを投げ返すことができない、若しくは、投げ返すのに相当なコスト・負担がかかるというところが想定されるようなところを探っていくのです。

　通常、**立証責任はその主張が通れば有利になる側にあります**。例えば、取引価額の「高い・安い」が問題となるときは、調査官側に立証責任があります。この「高い・安い」を認定することができれば追徴課税額が発生し、調査官側に有利となるからです。このような場合、何と比較して高いのか、又は安いのかという資料は立証責任がある調査官側が用意しなければなりません。その用意もしないでただ、感覚的に、とかいうのは話にならないので、**その高い・安いの判断資料を求めるとよいでしょう**。調査官側がボールを返せな

くなったら、その部分については不問に付されたと考えてよいと思います。

　これとは逆に、何故このような一見、不自然に思われるような取引をしたのか、ということなどについては納税者側に立証責任がありますから、前述の「ストーリー作り」や「『もし』の仮定」などで用意していくことになります。

　この立証責任というものを意識するとグレーゾーン取引にもある程度自信を持って判断・処理できるようになることでしょう。

---

【参　考】立証責任のキャッチボールの例

　民事裁判で原告Ａさんが被告Ｂさんに貸したお金を返すよう訴えた場面です。

　Ａ「○年○月○日に貸した100万円を返せ」　⇒ボールはＢに

　Ｂ「△年△月△日に返したから現在、その債務は存在しない」　　　　　　　　　　　　　　　　　　　　　⇒ボールはＡに

　Ａ「いや、返してもらっていない。返したというのなら、領収書を見せろ」　　　　　　　　　　　　　⇒ボールはＢに

　Ｂ「これがその領収書だ」　　　　　　　　　　　⇒ボールはＡに

　Ａ「いや、この字は君の字だ。偽造された領収書だから信用できない」　　　　　　　　　　　　　　　⇒ボールはＢに

　Ｂ「…」⇒ボールを返せなくなったから、事実はともかく、
　　　　この裁判はＢの負け

## 4 本章のまとめ

　第8章は税務調査のことまで考えた上で身に着けておきたい3か条を紹介しましたが、ここで紹介したものについて、1．なぜそれが重要なのか、2．ここだけは押さえておきたい、3．この武器を使いこなすコツ、という視点でまとめてみたいと思います。

① ストーリー作りは「転ばぬ先の杖」であるということ
　(イ) なぜそれが重要なのか
　　　税務調査において「租税回避行為」や「脱税」に認定されないためです。
　(ロ) ここだけは押さえておきたい
　　・　脱税と租税回避行為と節税の違いを明確に理解すること
　　・　「結果として」税負担が小さくなったというところに持っていくこと
　　・　そのためには付け焼刃的ではなく、あらかじめストーリーを用意しておく必要があるということ
　(ハ) この武器を使いこなすコツ
　　　特にお客様から節税を意図した取引の相談があった場合や会計事務所側から節税提案をする場合にはストーリーを意識することです。この**ストーリーは会計事務所だけで作ってはなりません。必ずお客様を巻き込んで、共有しておかないと**せっかく用意したストーリーも頓珍漢なものとなったり、税務調査のときにお客様に「えっ、そうじゃなくて本当は…」などとはしごを外されて逆効果になったりと、悲惨なことになりかねません。

② 「もし」の仮定はアウトプット、インプットともに大きな助

けとなること

(イ)　なぜそれが重要なのか

　　　アウトプットの面からいうと、税務調査の際の説明に大き
　　な威力を発揮するということです。インプットの面からいう
　　と、為政者（立法者）側から見たときに規定の趣旨に辿り着
　　くための道具になるということです。いずれにせよ、物事を
　　逆の方向から見てみることの有用性にその重要性があるとい
　　えるでしょう。

(ロ)　ここだけは押さえておきたい

　　・　「もし、この取引がなかったら…」

　　・　「もし、支出がなかったら…」

　　・　「もし、私が為政者（立法者）だったら…」

(ハ)　この武器を使いこなすコツ

　　　特に必要経費性の有無について迷うときは是非、このフ
　　レーズを使ってみて下さい。反実の面から取引をみてみると
　　思いがけない解釈に辿り着くことがありますよ。

③　立証責任はどちらにあるかまで考えると調査官を納得させら
　れるということ

(イ)　なぜそれが重要なのか

　　　税務調査を意識すると、特に念を入れて処理しなければな
　　らないところとあまり対策を考えなくてよいところのメリハ
　　リをつけることができるようになるとともに、税務調査の際
　　に調査官の責任となるべき部分をはっきりと主張できるよう
　　になるためです。

(ロ)　ここだけは押さえておきたい

　　・　立証責任はキャッチボールであり、相手に投げ返すこと
　　　ができなくなった方が責任をとらなければならなくなる
　　　（負ける）ということ

・　立証責任はその主張が通れば有利になる側にあるという
　　こと
・　調査官側が立証責任のボールを投げ返すのが困難・面倒
　　となるものについては不問にされる可能性が高いというこ
　　と
(ハ)　この武器を使いこなすコツ
　　　この部分はどちらかというと高等テクニックの部類に属す
　るのですが、機会を見つけて、是非、自分のものにしておき
　たいところです。

# 第 9 章

# 申告において間違えやすいところ1〜所得税

法人については、毎月のようにお客様の決算申告があるため、注意すべき点を忘れたりする心配はあまりないのかもしれませんが、所得税は我々プロも年に一度の確定申告期にしか申告を行わないため、ついつい忘れてしまうことがあります。

　そのようなことがないように、ここで所得税の間違えやすいところを解説しました。

## 1　非課税関係

① 遺族年金

　遺族年金は非課税なので、収受している金額にかかわらず所得金額とはなりません。したがって、確定申告にも出てこない収入となります。

② 事故による損害賠償金

　心身に加えられた損害又は突発的な事故により資産に加えられた損害に基因して取得する損害賠償金や保険金などについては損失を元に戻すためのものであり、そこに担税力はないと考えられるため非課税とされていますが、例外があります。それは、**その損害賠償金が事業所得などの必要経費といわゆるヒモつきとなっており、その必要経費を補てんする役割があるものである場合**です。

　例えば、雑貨屋さんで販売していたガラス細工を誤って落としてしまい、こなごなに割れてしまったことによって雑貨屋さんが受け取る損害賠償金というのは、売上の補てんとしての性質を有していますから、非課税にはなりません。

　また、店舗建物について損害を受けたために休業を余儀なくされ、その休業補償として受領する損害賠償金はいわゆる粗利補てんとなるため、非課税にはなりません。

## 2　各種所得関係1〜譲渡所得以外

①　生命保険や損害保険の保険配当金や協同組合等から支払われる事業分量配当金は配当所得？

　　**配当所得は**法人から受ける利益や剰余金の配当に限られるため、**法人に配当可能利益があることが前提となります。**保険配当金や協同組合等から支払われる事業分量配当金などは配当という名前にはなっているものの、利益や剰余金の配当ではなく実質的な値引きですから、配当所得には該当しません。

②　不動産の貸付けにおける敷金や保証金のうち返還不要の部分の取扱い

　　不動産の貸付けにおいて収受する敷金や保証金のうち、契約によって返還不要の部分が生じることがあります。この場合、敷金などの名称にかかわらず、返還不要となった日の属する年分の不動産所得の総収入金額に算入することになります。

③　税込経理を行っている事業者が消費税の還付を受けた場合

　　税込経理を行っている個人事業者が消費税の確定申告により還付を受けた場合には、それが控除不足還付税額又は中間納付還付税額のいずれであるかを問わず、申告書を提出した日の属する年分において**発生所得の総収入金額に算入しなければなりません。**

　　税込経理の場合、消費税は納めたときは必要経費となりますから、還付を受けたら収入金額となるのは明らかです。この取扱いは個人事業税や固定資産税など必要経費に算入した租税が何らかの理由により還付された場合も同様です。

これらの処理は特に確定申告のみ（いわゆる年一）のお客様の申告の際に忘れやすいですから注意が必要です。

④　所得補償保険の保険料は事業所得の必要経費？

　　所得補償保険は事業主が自己を被保険者として加入することになると思われますが、これにより支払われる保険金は「身体の傷害に基因して支払を受けるもの」に該当するため非課税として取り扱われます。

　　この非課税所得にヒモがつく支出は必要経費不算入という所得税の鉄則により、このような保険料については必要経費とはなりません。

⑤　事業に係る損害保険料は全額必要経費となる？

　　事業に係る損害保険料は必要経費性はあるのですが、建物共済や長期損害保険などについては注意が必要です。

　　これらには積立部分があるものもありますので、その部分は資産計上（必要経費不算入）となりますし、1年を超えて補償されるものについては前払費用の部分が出てきますので、期間の経過に応じて必要経費に算入することになります。

⑥　相続により取得した減価償却資産の償却方法

　　事業を相続により承継した場合、被相続人から引き継いだ減価償却資産については取得価額、未償却残高、耐用年数及び経過年数は引き継ぎますが、償却方法は引き継ぎません。

　　このことは届出のことに限りません。例えば、被相続人、相続人ともかねてから全ての減価償却資産について定率法を選定していたとして、1998年4月1日以降相続により建物を取得した場合には、相続人においては定額法が強制されます。

また、償却方法の選定を行っていない場合でも2007年3月31日以前に取得した減価償却資産は被相続人においては旧定額法で減価償却を行っていますが、これを同年4月1日以降相続により取得した場合、相続人においては現在の定額法（0.9をかけない方）により減価償却を行うことになります。気をつけたいところです。

⑦　「営業等」の所得がプラス70万円、「農業」の所得がマイナス30万円の場合の青色申告特別控除

　これらの所得について正規の簿記の原則に基づいて帳簿を作成・保存している場合には、青色申告決算書に貸借対照表を記載し、期限内申告することによって最高55万円（又は65万円）の青色申告特別控除が適用可能となります。

　この場合、「営業等」の所得から55万円又は65万円の控除ができそうに思いますが、これは誤りです。なぜなら、「営業等」の所得も「農業」の所得も同じ事業所得だからです。

　したがって、この場合の事業所得は70万円－30万円＝40万円となりますから、青色申告特別控除額は40万円となり、事業所得はゼロとなります。もし「営業等」の所得から65万円を控除できるとすると、事業所得がマイナス25万円となり、損益通算の対象額が生じてしまいます。

　青色申告決算書が別々となっており、さらに確定申告書の記載箇所も別々となっていることから別所得のように思えるのですが、いずれも事業所得であることを肝に銘じておきたいものですね。

⑧　事業的規模以外の不動産所得と事業所得がある場合の青色申
　告特別控除

　　事業的規模以外の不動産所得と事業所得がある場合で、事業
　所得については正規の簿記の原則に従い経理しているけれども、
　残念ながら損失が生じてしまった場合、不動産所得から青色申
　告特別控除を差し引くことになりますが、この際の控除額は10
　万円なのでしょうか、それとも55万円（又は65万円）なので
　しょうか？

　　結論からいうと、55万円（又は65万円）を控除します。

　　租税特別措置法第25条の２第３項、第５項によると、正規の
　簿記の原則に基づいて帳簿を作成・保存している場合には不動
　産所得の金額又は事業所得の金額からこの順序で55万円（又は
　65万円）を控除するとあります。したがって、不動産所得は事
　業的規模ではないのですが、事業所得で要件を満たしているた
　め、このような取扱いとなるのです。

　　赤字の事業所得の青色申告決算書に貸借対照表を記載し、期
　限内申告をしなければならないのはいうまでもありません。


⑨　修正申告と青色申告特別控除

　　当初申告において青色申告特別控除額25万円の適用を受けて
　事業所得をゼロとして申告していたところ、誤りを発見し、修
　正申告を行うことになりました。この修正申告により、青色申
　告特別控除前の所得が100万円増加する場合、修正申告にて差
　し引くこととなる青色申告特別控除額は当初申告通り25万円の
　ままなのでしょうか、それとも55万円（又は65万円）までOK
　なのでしょうか？

　　2010年までは55万円（又は65万円）の青色申告特別控除は当
　初申告額を限度とする旨の規定がありましたが、2011年以降は

その限度規定が撤廃されましたから、現在は修正申告において増差所得が生じた場合でも55万円（又は65万円）までの金額を控除することができます。

⑩　還付加算金を受領した場合の申告

還付加算金は確定申告等において還付税額が発生した場合、利息のような形で加算されてくるものです。これについては、所得税について受領したものであれ、消費税について受領したものであれ、雑所得となりますから申告漏れには気を付けたいところです。

還付加算金を支払った役所に対して確定申告を行う訳ですから、少額であっても忘れず申告したいものです。

⑪　過去に遡及して国民年金の支給を受けた場合

公的年金について、過去に遡及して何年分もまとめて支給不足額を支給されることがあります。この場合、支給額は全て支給年にまとめて公的年金等の収入金額とするのでしょうか？

この場合には、一括して支給されたとしても、各年分ごとに区分して公的年金等の雑所得を修正します。

具体的には、支給後に公的年金等の源泉徴収票（修正分）が各年分について改めて発行されますから、それを元に所得金額及び所得税額を修正することになります。

## 3　各種所得関係2〜譲渡所得

①　譲渡した家屋の敷地内にある庭石等の取扱い

　　譲渡しようとするマイホームの敷地内にある庭石等が庭園の一部を構成している場合、その庭園とともに土地建物を譲渡する場合にはその庭園も含めて分離課税の対象とされます。これは宅地の場合に適用される概念で、庭木や石垣、庭園などはマイホームの一部との考えからです。

　　なお、庭石等を庭園から取り外して単独で譲渡した場合には総合譲渡となります。

②　未経過固定資産税

　　消費税のところでも触れましたが、未経過固定資産税はその性質上、賦課期日（固定資産税の場合、1月1日）における所有者に1年分の課税を行いますから、年の中途で譲渡した場合に、未経過となっている部分を清算する取引習慣があります。

　　不動産を譲渡した場合にこの未経過固定資産税を契約対価とは別に収受することがしばしばありますが、これは税金ではなく、対価として取り扱いますから、譲渡所得の総収入金額及び消費税の資産の譲渡等の対価の額に算入します。

　　この取扱いは下水道負担金の清算金などについても同様です。

　　所得税、消費税とも不動産の譲渡があったら、このように契約金額以外の収入がないか確認するクセをつけておきたいものです。

③　相続等により取得したものを譲渡した場合の取扱い

　　相続や贈与により取得した譲渡所得の基因となる資産を譲渡

した場合には、相続人や受贈者が相続・贈与前から引き続きその資産を所有していたものとみなされます。したがって、**相続人や受贈者は前所有者の取得費と取得時期を引き継ぐことになります。**

　ですから、例えば、被相続人が数十年にわたって所有していた土地を相続により取得して1年くらいで売却した場合、登記簿上は相続人の所有期間は1年くらいの記載がされていますが、取得原因が相続や贈与と記載がある場合、譲渡所得の計算の上では被相続人や贈与者の取得時期で長期・短期の判定を行いますから、この場合には実所有期間が5年をはるかに下回りますが、長期譲渡となります。

　よく確定申告会場などで相談されるのは、この場合の取得費のことです。先代から相続した土地を売却し、先代が取得したときの契約書などもあるけれども、売却した自分が支払ったものではないため控除できないんじゃないかと心配される訳です。これは、「お金をもらったのは自分、お金を（取得時に）支払ったのは先代」というようにお金の動きから所得税を考えるために沸き起こる不安といえるでしょう。

　しかし、譲渡所得は資産の取得の時から所有権を手放した時までの値上がり益の清算です。相続や贈与の際には相続税や贈与税が課されるため、その時点では課税の繰り延べが行われますから、それを相続又は贈与により取得した人の売却時に前所有者の含み益をも含めて課税の清算を行うことになり、取得時に誰がお金を支払ったかにかかわらず、総収入金額から控除することができるのです。

④　代償分割の代償金と取得費
　　被相続人の遺産を相続人等で分割する際、お金以外の財産を

引き継ぐ場合に、その財産の価値が非常に大きくなるため、他の相続人に対してお金を支払って遺産の取得割合の公平を保つことがあります。例えば、遺産が時価2,000万円の土地のみの相続において相続人は兄と弟だけだった場合、この土地全てを兄が取得する代わりに弟に対して1,000万円支払うような場合です。

このように、お金以外の遺産を取得する人がおつりのような感じで他の相続人にお金を支払う旨を定めた遺産分割を代償分割といい、支払われるお金を代償金といいます。

この例でいうと、兄がこの土地を売却した場合、弟に支払った代償金1,000万円は取得費となるのでしょうか？

兄にとって、この代償金1,000万円は取得費として総収入金額から控除することはできません。この場合もやはり相続人の取得費を引き継ぎ、兄が他に改良費などを負担していればその負担額までが取得費となるのです。

**「相続における代償金は譲渡所得には関係させない」**と覚えておきましょう。

⑤ 登録免許税、不動産取得税、下水道負担金、融雪工事負担金と取得費

まず、不動産登記に係る**登録免許税**や**不動産取得税**の取扱いから見てみましょう。これらの判定については、「業務の必要経費に算入されるべきものだったかどうか」を考えます。事業所得の用に供する不動産のこれらの租税については事業所得の必要経費に算入されますから、譲渡時に取得費とするとダブル控除となってしまいます。したがって、これらは**原則、取得費算入**ですが、**業務の必要経費にすべきものは取得費とはならない**ということになります。

次に、下水道負担金についてです。先ほど、下水道負担金相当額を受け取ったら譲渡所得の総収入金額算入ということを説明しましたが、支払った方はどうなるのでしょうか？**下水道負担金は土地の設備費ですから、取得費となります。**しかし、これについては注意点があります。それは、下水道負担金は税法上の繰延資産に該当するということです。したがって、**取得費となる金額は、下水道の利用が可能となった日（不明の場合には支払った日）から耐用年数6年で減価償却を行った後の未償却残高のみ**ということになります。

　最後に雪国の**融雪工事負担金**です。これはその道路に面する住民の同意に基づいて行われる工事に係るものなので、**生活関連費用として取得費とはなりません。**なお、売却する土地に融雪工事がなされている場合には、土地の設備費として未償却残高が取得費となります。

⑥　買換えの特例を適用した譲渡資産の取得費

　一定の要件を満たす譲渡所得の基因となる資産を譲渡し、指定された期間内に要件を満たす資産を取得した場合、政策的な意味合いで譲渡所得の全部又は一部の課税の繰延べが行われる場合があります。

　この適用を受けて取得した資産を売却した場合には、買換え時における売却資産について課税の繰延べが行われているので、買換え時における取得資産を売却したときに買換え時における売却資産の譲渡益も含めて課税が行われることになります。

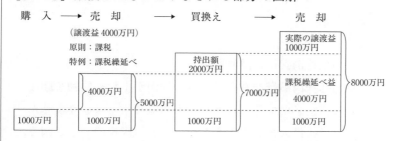

【参 考】譲渡したものとみなされる部分の図解

購　入 ⟶ 売　却 ⟶ 買換え ⟶ 売　却

（譲渡益4000万円）
原則：課税
特例：課税繰延べ

| | 実際の譲渡益<br>1000万円 | |
| | | |
| | 持出額<br>2000万円 | |
| 4000万円 | | 課税繰延べ益<br>4000万円 |
| 1000万円 | 1000万円 | 1000万円 | 1000万円 |

1000万円／4000万円／5000万円／7000万円／8000万円

（※）上記の例では、1回目の売却時に課税の繰延べを選択し
　　た場合、2回目の売却時には1回目の売却益4,000万円と
　　2回目の売却益1,000万円の合わせて5,000万円が譲渡益
　　となる。なお、説明を簡潔なものとするため、減価償却
　　などは考慮していない。
　　【国税庁タックスアンサーNo.3355「特定のマイホームを買い換え
　　たときの特例」（http://www.nta.go.jp/taxes/shiraberu/taxanswer
　　/joto/3355.htm）より抜粋】

　これはどのように行われるのかというと、課税の繰延べの適
用時に買換え時における取得資産の取得費の付け替えによるの
です。つまり、買換え時における取得資産は実際の取得価額か
ら相当低い金額を取得費とみなされることになるのです。
　このように取り扱われるため、買換えの特例を適用した譲渡
資産について実際の取得価額を取得費として計算すると所得が
過少に計算されることになるのです。
　私はこのようなことを避けるため、特に昭和末期くらいに取
得した土地や建物を譲渡された場合には、納税者の方に買換え
により取得したものかどうかをお聞きし、怪しいと思われるも
のについては、納税者の方と一緒に税務署に出向き、事前に取

得費を調べてもらっています。

　なお、概算取得費の５％を取得費とする場合にはこの確認は
不要です。


⑦　抵当権抹消費用は譲渡費用？

　抵当権抹消の登記費用は抵当権抹消が土地や建物を譲渡する
ために直接必要であったとしても譲渡費用とはなりません。

　これは、借入金がある人とない人との課税の公平を図るため
と考えられます。


⑧　事業用資産の譲渡と消費税申告

　事業用資産の譲渡所得の申告はされているけれども、消費税
の課税売上の計上が漏れるという事例が多々、発生しているよ
うです。事業用の土地の譲渡（非課税取引）についても原則課
税の場合には計上が漏れると仕入税額控除に影響を及ぼします
から、抜けないように注意したいものです。

① 振り込め詐欺による損失は雑損控除？

　昨今、連日のように振り込め詐欺の記事が新聞を賑わせているのは残念な限りです。この振り込め詐欺によって奪われたお金は雑損控除の対象になるのでしょうか？

　本当に残念なのですが、これは雑損控除の対象外となります。雑損控除の対象となる損失は災害、盗難、横領によるものであり、詐欺によるものはこれに当たらないものとされているのです。なぜなら、詐欺は納税者自身の意思が介入するからです。

　では、横領とどう違うのかということですが、横領とは、自らが占有している他人の物を、無断であたかも自分の物のごとく使用したり売却したりすることをいいますから、ここに所有者の意思は介在しません。

　したがって、税の救済がないということになりますが、振り込め詐欺による被害が競馬や競輪で予想を外したことによる損失と同様に取り扱われるのはいささか酷な気もします。


② 傷病手当金や出産手当金は医療費を補てんするものとして医療費控除の対象から差し引きする？

　高額療養費や出産手当一時金などについては医療費控除の計算の際、対象から差し引きします。それは、医療費を補てんするものとして受領しますから、実質負担額を控除対象とする医療費控除額の計算においては対象から外す必要があるためです。なお、これら医療費を補てんするものが実際の医療費負担額を超える場合にはその超える金額は他の医療費から控除する必要はありません（心身に加えられた損害に基因して取得する損害

賠償金や保険金として非課税)。

　これに対し、傷病手当金や出産手当金は確かに入院や出産などに基因して受領するものではありますが、これらは医療費の補てんではなく、入院により得られなくなる給与収入の補てんですから、医療費控除の計算においては差し引きする必要がありません。

　同じ社会保険から支給を受けるものであってもその性質により取扱いが異なりますから注意したいものです。

③　同一生計の子が予防接種を行ったことでセルフメディケーション税制の適用はできる？

　セルフメディケーション税制の適用にあたっては、「一定の取組」が要件となっていますが、この取組は申告者本人が行わなければ適用がありませんから、子の予防接種をもって適用要件は満たしません。

　申告者本人が一定の取組を行った場合に、子に係るOTC医薬品の対価を支払った場合には対象となります。

④　同一生計の父の年金から天引きされている社会保険料は他の親族の社会保険料控除の対象となる？

　生計を一にする親族が負担すべき社会保険料は、支払った人の社会保険料控除となります。父の年金から天引きされている社会保険料は父が支払っているのは明らかですから、父の社会保険料控除とされ、他の親族の社会保険料控除とはなりません。

　父の生活費を拠出している親族からすれば、父の年金で足りない分を負担していることになるため、父の年金から天引きされる社会保険料は間接的に親族が支払っているともいえるのかもしれませんが、現行税制ではそのような取扱いはしないこと

になっています。

⑤　給与の源泉徴収票の「社会保険料等の金額」の内書きがある
場合の注意点

　給与の源泉徴収票の「社会保険料等の金額」欄は2段書きと
なっており、上が内書きとなっています。この内書きは小規模
企業共済等掛金控除の額なのですが、ここで注意しなければな
らないのは、**下段の金額は社会保険料控除額と小規模企業共済
掛金控除額の合計額**だということです。

　したがって、社会保険料控除額そのものは差し引きで求める
必要があるため、下段の金額をそのまま社会保険料控除とした
場合、控除額がダブってしまいますから気を付けたいところで
す。

⑥　「ふるさと納税ワンストップ特例」と確定申告

　ふるさと納税は寄附金控除ですから、年末調整で適用を受け
ることはできません。かといって、年末調整を受けた給与しか
収入がない人が寄附金控除のためだけに確定申告をするのは手
間がかかるということで、2015年にふるさと納税ワンストップ
特例が整備され、ふるさと納税をした地方公共団体が5か所以
内の場合、申請により確定申告をしなくても確定申告をしたの
と同じ税負担となるように調整されることになりました（所得
税の還付はありませんが、この分が住民税と相殺されます）。

　このふるさと納税ワンストップ特例は、ふるさと納税をした
地方公共団体が5か所を超えた場合や確定申告を行う場合には
適用がありません。

　ですから、確定申告を行う場合にはふるさと納税は通常通り
寄付金控除の申告をしなければ適用がないことになります。こ

の場合、全ての寄附金を元に寄付金控除額を計算し、所得控除欄に記載するのはもちろん、**確定申告書第二表の下の住民税に関する事項のところに「都道府県、市区町村への寄附（特例控除対象）」の記載欄がありますから、ここにふるさと納税をした金額の合計額（足切額の2,000円は控除しない）を記載します。** ここの記載が漏れると住民税においてふるさと納税の特例（負担額2,000円だけで他の自治体を応援できる、というもの）が受けられず、負担額が増えてしまいますから忘れずに記載しなければなりません。

⑦ 老人介護施設と同居老親等

　父母や祖父母が老人介護施設に入居している場合、同居している訳ではないため、同居老親に該当しません。これらの方が特別障害者である場合の同居特別障害者の取扱いも同様です。

　しかし、この入居が病気治療のための入院である場合には、その入院が1年以上にわたる場合であっても同居を状況としているものとして取り扱われます。

⑧ 配偶者控除、配偶者特別控除、扶養控除における合計所得金額の判定

　所得税では様々なところで「合計所得金額」が要件となりますが、配偶者控除、配偶者特別控除、扶養控除において親族の合計所得金額はどの金額をいうのでしょうか？

㈠ 総合課税、山林所得の各種特別控除と2分の1、損益通算などの取扱い

　　総合課税の譲渡所得と一時所得、そして山林所得には50万円の特別控除があります。また、総合長期譲渡所得と一時所得は総所得金額には2分の1だけ算入することになっていま

す。さらに、不動産所得、事業所得、山林所得、業務用固定資産の総合譲渡所得についてはマイナスになった際の損益通算が認められています。

これらの諸規定は所得控除同様、所得税法に規定されていますから、当然にこれらの適用を受けた後の金額で合計所得金額を計算することになります。

また、上場株式等の譲渡損失と申告分離を選択した上場株式等に係る配当所得については損益通算して判定しますが、その他の租税特別措置法上の分離課税所得は損益通算しないで判定します（同じ所得内の内部通算はOK）。

この取扱いの理由としては、租税特別措置法上の損失は原則として損益通算が認められていないということと、上場株式等に関するものについては株式市場に対する配慮が働いているということが挙げられます。

なお、非課税所得や源泉分離課税とされる所得、申告不要を選択した所得は合計所得金額には含まれませんし、退職所得の2分の1は所得計算に織り込まれていますので、当然に適用後の金額で判定することになります。

(ロ) 譲渡所得の各種特別控除（総合譲渡の50万円以外のもの）

収用の5,000万円控除や居住用の3,000万円控除などの取扱いはどうなるのでしょうか？

これらはあくまで所得税額の計算過程において控除されるものであり、所得金額の計算では控除しないこととされています。したがって、これらの控除前の金額で判定することになります。

収用や居住用などといった特殊な経緯がある譲渡であっても譲渡益が実現していることには変わりありませんから、この譲渡益をもって合計所得金額とするのは仕方ないでしょう。

㈏　損失の繰越控除

　　損失の繰越控除は、１．純損失の繰越控除、２．雑損失の
繰越控除、３．株式の譲渡損失の繰越控除、４．特定中小会
社が発行した株式に係る譲渡損失の繰越控除、５．先物取引
の差金等決済に係る損失の繰越控除、６．マイホームを買い
換えた場合の譲渡損失の繰越控除、７．特定のマイホームの
譲渡損失の繰越控除の７つがありますが、これらはどのよう
に取り扱うのでしょうか？

　　合計所得金額の計算にあたっては、繰越控除は全て考慮し
ませんから、控除前の金額で判定します。なぜなら、**合計所
得金額はその年における所得であるため、前年以前の所得の
マイナスは考慮しない**からです。


　　このあたりが所得税嫌いの人を増やす大きな要因の１つに
なっているのかもしれませんが、このように理解するとそんな
に難しくありませんね。


⑨　個人事業者が青色事業専従者給与によって損失を計上してい
る場合、その青色事業専従者の控除対象配偶者又は控除対象扶
養親族になれる？

　　青色事業専従者給与の支払いをしている個人事業者がその青
色事業専従者給与の必要経費算入によって事業所得がマイナス
になった場合、事業所得以外の所得がなければ合計所得金額が
48万円以下となります。この場合、青色事業専従者の同一生計
配偶者や扶養親族になれるのでしょうか？

　　結論からいうと、なることができます。

　　青色事業専従者給与を受領する親族は他の親族の同一生計配
偶者や扶養親族になることができないため、逆もしかり、と思

われるフシがあると思われますが、青色事業専従者は単なる給
与所得者ですから、個人事業者本人から受給しているとはいえ、
ここに制限はありません。堂々と青色事業専従者について還付
を受けるための申告をすればよいのです。

　ただし、過大青色事業専従者給与の認定がなされた場合には
その過大分は個人事業者の必要経費不算入となり、場合によっ
ては青色事業専従者の同一生計配偶者又は扶養親族から外れる
こともあります。

⑩　所得控除や税額控除って、更正の請求で認められるの？
　当初申告について**税法の規定に従っていなかったか、又は計
算誤りがあったことによって**税額が過大となっていたり損失の
金額が過少となっていたりしたことが確定申告期限後に判明し
た場合には、更正の請求を行うことによって救済を求めること
になります。更正の請求は税務署長の権限である「更正処分」
を促すものとなりますから、請求をすれば自動的に救済される
訳ではなく、承認又は却下という段階を経て処理されるのです。
なお、更正の請求期限は法定申告期限から5年以内とされてい
ます。

　まず、確定申告期限前に判明した場合の話から。この場合は
まだ期限前ですから、確定申告のやり直しをすればよいのです。
この確定申告のやり直しを「訂正申告」と呼んでいます。訂正
申告は期限内申告ですから、当然に所得控除も税額控除も認め
られます。

　次に申告期限後に行う更正の請求です。更正の請求は計算や
税法の適用に誤りがないと認められませんから注意が必要です。
　まず、所得控除についてですが、所得控除に係る更正の請求
は当初申告において所得控除をしていなかったか、控除額に不

足があったかのいずれかです。この場合には、本当は所得控除がなされたはずなのに、その取扱いを行っていなかったということで税法の適用に誤りがありますから原則として更正の請求はOKです。

　ただし、確定申告期限において他の親族の控除対象扶養親族としていた親族を付け替えて更正の請求をすると却下されます。人的控除の帰属は確定申告期限において確定する取扱いとなっているためです。

　税額控除については更正の請求が認められるものと認められないものに分かれます。ここで税額控除を「**二重課税の排除グループ**」と「**補助金グループ**」の2つのグループに分けてみましょう。

　前者は配当控除や外国税額控除のように、税額控除を認めないと1つの所得について複数回課税されることになるため、その調整として控除されるもので、税の根本的な考えに基づくものであるから所得税法に規定されているものです。

　これに対し、後者は政府が納税者にある行為を促すためのインセンティブとして設けたもので、試験研究を行った場合の特別税額控除や住宅借入金等を有する場合の特別税額控除、給与等の支給額が増加した場合の特別税額控除、認定特定非営利活動法人等に寄附をした場合の特別税額控除などがあり、租税特別措置法に規定されています。これらは全て一旦、これらの控除はないとして計算された所得税を納めた後に控除額相当額の補助金の交付を受けたのと実質的に変わらないので私は「補助金グループ」と呼んでいます。その控除をするかどうかについては納税者の任意選択となっています。

　したがって、**配当控除と外国税額控除**は「この場合にはこのように計算する」と規定されている訳ですから、当初申告にお

いてこれらを忘れると税法の適用に誤りがあったことになるた
め、**更正の請求は認められます。**

　しかし、それ以外の補助金グループの税額控除を当初申告に
おいてし忘れていたとしても、選択適用となっているため、
**「税額控除を行わないという選択をしたんでしょ？税法の規定
に従っていなかったとか、計算誤りがあったとかという話では
ないので請求の理由がありません」**ということで却下されます。

　租税特別措置法に規定されている税額控除は当初申告でない
と認められないため、注意が必要です（特に給与等の支給額が
増加した場合の特別税額控除）。

## 5　確定申告・修正申告・更正の請求関係

① 給与所得者の還付申告と20万円以下の所得

　年末調整が済んでいる給与所得者が例えば15万円の寄附金控除を受けるために確定申告をして還付を受けようとしたとします。しかし、この給与所得者には18万円の農業所得があるとすると、還付を受けることはできるのでしょうか？

　皆さんご案内の通り、この場合には農業所得の申告を除外して寄附金控除を受けることはできませんから、確定申告をすると納付となります。寄附金控除はあきらめて、給与所得以外の20万円以下の他の所得を申告しない方が有利に働くケースなのです。

　年末調整の際に気を付けなければならないのはこの部分で、生命保険料控除証明書が見つからないから待ってもらうよう言われたときに、容易に「取り急ぎ、生命保険料控除なしで年末調整をしますから、あとは確定申告で還付を受けて下さい」などと言うとその人の20万円以下の他の所得がある場合に還付を受けられなくなることがあるのです。もし、このようなことをやるとすれば十分に説明をしておく必要があります。

　なお、申告不要とされる年10万円以下の配当や上場株式等の配当、源泉徴収口座の株式譲渡、源泉分離課税となるものについては申告する必要がありません。

② 当初申告において配当所得としたものを修正申告において除外できる？

　一旦、確定申告において扶養親族の帰属を確定させた場合、確定申告期限後に他の親族に付け替えることができないことに

ついては前述した通りです。

　当初申告において配当所得としたものを確定申告期限後に修正申告を行った際、年10万円以下となるものについて申告不要とすることができるかということですが、これも扶養親族の帰属同様、できないことになっています（租税特別措置法基本通達8の5－1）。このことは更正の請求においても同様です。

　また、当初申告において申告不要としたものを修正申告や更正の請求において申告に含めるということも同様にできません。

③　還付を受けるための確定申告や更正の請求ができるのはいつの分まで？

　還付を受けるための確定申告も更正の請求も期限は5年なのですが、これらの起算日は異なります。

　還付を受けるための確定申告は例えば年末調整を受けている給与所得者が医療費控除などを受けるものなど、権利の行使として行う申告になります。こういった申告の5年の起算日は還付を受けることができる日の初日（つまり、翌年の1月1日）となりますので、申告が可能な最終日は5年後の12月31日となります。

　これに対し、更正の請求は当初申告の確定申告期限の翌日が起算日となりますから、請求が可能な最終日は6年後の3月15日となります。

　2021年に申告・請求が可能なものの期限は次の通りです。

(イ)　還付を受けるための申告（当初申告となります）
　　・　2016年分⇒2021年12月31日まで
　　・　2017年分⇒2022年12月31日まで
　　・　2018年分⇒2023年12月31日まで
　　・　2019年分⇒2024年12月31日まで

・　2020年分⇒2025年12月31日まで

㈹　更正の請求

・　2015年分⇒2021年 3 月15日まで

・　2016年分⇒2022年 3 月15日まで

・　2017年分⇒2023年 3 月15日まで

・　2018年分⇒2024年 3 月15日まで

・　2019年分⇒2025年 4 月16日（※）まで

・　2020年分⇒2026年 4 月15日（※）まで

（※）新型コロナウイルス感染症の影響により申告期限が
繰り下がったことによるもの

## 6 その他

① 納税地

　(イ)　申告納税地は住所？事業所の所在地？

　　　納税地によって所轄税務署が異なりますので、これをはっきりさせないと確定申告書をどの税務署に提出しなければならないのかも分かりません。住所と異なる場所に事業所を設けている場合、どちらが納税地となるのかという疑問が出てくるところですが、ご案内の通り、納税地は住所地とされています。

　　　事業所の所在地を納税地としたい場合には、「納税地の変更に関する届出書」を提出する必要があります。

　(ロ)　個人事業者が死亡した場合の納税地

　　　個人事業者が死亡した場合には、相続人の住所地ではなく、死亡した個人事業者の住所地（納税地の変更に関する届出書が提出されている場合には、その記載された場所）となります。

　　　実際の納税を行うのは相続人なのですが、死亡した個人事業者のこれまでの申告書を受理し、申告に関する情報を持っているのは死亡した個人事業者の納税地の所轄税務署ですから、こちらに準確定申告書や死亡した個人事業者に係る各種届出書を提出することになります。

② 所得の帰属

　(イ)　共有物件を賃貸している場合、誰の所得？

　　　不動産が共有となっている場合、共有者全員の所得となります。この場合、各共有者の持分割合に応じて不動産所得の

総収入金額と必要経費を按分します（固有の必要経費があれば別途必要経費算入）。

㋺　家族Ａの所有土地を家族Ｂの名義で賃貸借契約を行った場合、誰の所得？

　　土地所有者以外の人が構築物の設置などに係る費用負担をせず、単に土地のみを貸し付けているものによる所得は所有者（家族Ａ）の所得として確定申告しなければなりません。

　　所得税基本通達12－1によると、資産から生ずる所得の実質所得者の判定にあたっては、**その収益の基因となる資産の真実の権利者が誰であるかにより判定すべき**とされていますから、法律上の名義人に所得が帰属するものとして取り扱うことになるようです。少し違和感がありますが、実際に収益している人の所得帰属とすると、年ごとに有利な取扱いとする余地が残るためでしょう。

# 第10章

# 申告において間違えやすいところ2〜個人事業者の消費税

消費税は法人と個人事業者で原則的な取扱いは変わらないのですが、それでも個人事業者に多くみられる特有の処理があります。
　最後に消費税の間違えやすいところをいくつか紹介しますので、法人の消費税に共通のところについては法人の処理にも生かして頂きたいと思います。

## 1 課税の対象関係

① 棚卸資産を家事消費した場合

棚卸資産を家事消費した場合には消費税のみなし譲渡として課税対象とされます。この場合、所得税とは異なり、**課税仕入れの対価以上、かつ、通常売価の50％以上**であれば低額譲渡に該当せず、認められることになっています（所得税は時価の70％以上）。

② 生計を一にする親族から支払を受ける事務所家賃

生計を一にする親族から事務所家賃を収受している場合、**所得税においては総収入金額不算入となりますが、消費税においては課税資産の譲渡等として通常通りに取り扱うことになります。**

この辺りも所得計算と取扱いが異なりますから、注意したいところです。

③ 前受金を受け取った場合

前受金は資産の譲渡等の対価であることは確かなのですが、反対給付が行われる前に金銭を収受したものに過ぎませんから、契約破棄の場合などには返金の義務があるため、この時点ではまだ課税対象とはされません。

④ 購入した資産について下取りがある場合

固定資産の買換えなど、購入した資産について所有資産を下取りに出し、代金を相殺することがあります。この場合には、その下取り価額は課税資産の譲渡等に該当し、相殺前の対価が

課税仕入れとなります。

　これについて、実際の支払額を元に課税仕入れを計算し、課税売上を計上しない誤りがしばしば見受けられるようですが、簡易課税の場合には納付税額が過少となりますし、原則課税の場合にも課税売上割合に影響があるとともに、その課税期間の課税売上高が過少となりますから、1,000万円の壁や5,000万円の壁のことを考えるとやはり正しく処理したいものです。

## 2 非課税関係

① 貸店舗の賃料を地代部分と家賃部分に区分して別契約にしている場合

　貸店舗の賃料を地代部分と家賃部分に区分して別契約とし、支払も別々になされている場合には地代部分は非課税となるのでしょうか？

　たとえ、別契約になっていたとしても、敷地部分と建物部分は一体として店舗という施設を構成していますから、全体が課税売上（支払側からすると課税仕入れ）となります。

　この物件を売却した場合には土地部分と建物部分を区分して消費税を処理することになり、一の契約であったとしても土地部分は非課税売上となります。

　このように、譲渡と貸付けで処理が異なりますから、注意が必要です。

② 居住用アパートを譲渡した場合

　居住用アパートの貸付けは非課税売上となりますが、譲渡した場合には課税売上となります。

　これも譲渡と貸付けで処理が異なる部分なのですが、税額に及ぼす影響も大きい事項ですから、特に気を付けなければなりません。

## 3 納税義務関係

① 基準期間が免税事業者だった場合の課税売上高の計算

基準期間における課税売上高は小規模事業者（1,000万円以下）や中小事業者（5,000万円以下）の判定に使われますが、基準期間が課税事業者であれば税抜きの額で、免税事業者であれば税込みの額でそれぞれ判定します。

これは、消費税法第28条第1項において課税資産の譲渡等の対価の額について、「対価として収受し、又は収受すべき一切の金銭又は金銭以外の物若しくは権利その他経済的な利益の額とし、**課税資産の譲渡等につき課されるべき消費税額及び当該消費税額を課税標準として課されるべき地方消費税額に相当する額を含まないものとする**」としているからです。

つまり、免税事業者には「課されるべき消費税額及び地方消費税額」がありませんから、これらの相当額は含めて判定することになるのです。

毎年1,000万円を少し超えるくらいの売上がある個人事業者についてはこの部分が少しややこしいですが、間違えないようにしましょう。

② 個人事業者が廃業した後、再度新規事業を立ち上げて個人事業者となった場合

個人事業者が一旦、事業を廃止し、何年か後に再度新規事業を立ち上げることがあります。この場合にも基準期間における課税売上高はそのまま継続されていますから、異業種を立ち上げたからといって必ずしも免税事業者からリスタートとなる訳ではありませんから、気を付けたいところです。

さらに、選択届出書の効力も不適用届出書を提出しない限り生き
ていますから、特に簡易課税の適用関係には注意が必要となります。

## 4 仕入税額控除関係

① 家事共用資産を購入した場合

　事業所兼自宅を購入した場合や仕事とプライベートの両方で使う車などについては全額仕入税額控除とすると納付税額が過少となってしまいますから、合理的な基準で仮払消費税を按分し、事業部分だけを控除することになります。

　コンピューター処理する際にこの部分が抜けることがあるようですから、間違えずに処理したいものです。

② 個別対応方式による申告について申告期限後に一括比例配分方式で更正の請求はできる？

　当初申告を個別対応方式で行ったが、後から一括比例配分方式の方が納付税額が小さくなることが分かった場合、更正の請求で差額を還付してもらうことはできるのでしょうか？

　これについては税法の規定に従っていなかったか、又は計算誤りがあったとは認められないため、更正の理由がないということで却下されます。

　このような場合には申告期限内の訂正申告が最後の手段となります。

③ 修正申告において個別対応方式と一括比例配分方式の変更はできる？

　個別対応方式への変更制限（一括比例配分方式の2年縛り）がない課税期間の修正申告において当初申告とは異なる仕入税額控除とすることはできるのでしょうか？

　これも更正の請求同様、できないこととされており、訂正申

告が最後の手段となります（消費税法基本通達15－2－7注意書き）。

【著者紹介】

# 坂野上　満 （さかのうえ・みつる）

昭和45年1月　富山県高岡市に生まれる

平成4年3月　明治大学商学部商学科卒業

　　　　　　その後富山県内のプラスチック製造会社にて3年
　　　　　　半勤務し、生産管理や現場改善のノウハウを学ん
　　　　　　だ後、税理士事務所に勤務しながら平成10年に税理士試験合格

平成11年11月　税理士登録

平成14年4月　富山県高岡市に坂野上満税理士事務所を開業

平成14年11月　行政書士登録

平成20年2月　ファイナンシャルプランナー（CFP®）認定

平成25年9月　国立大学法人金沢大学法科大学院にて「租税法」非常勤講師
　　　　　　に就任


　　メーカーの勤務経験を生かし、現場の分かる若手税理士として製造・
建設・運輸業を中心とした経営の合理化を進めている。

　　また、平成16年より税務・会計及びコミュニケーションをテーマと
した講演を東京、千葉、山梨、札幌、名古屋、大阪、神戸などで行い、
具体的で飽きさせないセミナーを展開している。

　　著書に『駆け出し税理士の事務所構築術』、『法人税・消費税　迷い
やすい事例の実務対応』（いずれも大蔵財務協会）がある。

所得税・個人事業者の消費税

迷いやすい事例の実務対応

～税法の趣旨・経緯から個人に対する税をマスターする～

令和 3 年 8 月24日　初版印刷
令和 3 年 9 月16日　初版発行

不　許
複　製

著　者　　坂野上　　満

（一財）大蔵財務協会　理事長
発行人　　木　村　幸　俊

発行所　　一般財団法人　大 蔵 財 務 協 会
〔郵便番号 130-8585〕
東京都墨田区東駒形 1 丁目14番 1 号
（販　　売　　部）TEL03(3829)4141・FAX03(3829)4001
（出 版 編 集 部）TEL03(3829)4142・FAX03(3829)4005
http://www.zaikyo.or.jp

印刷　三松堂㈱